Ulrike Döpfner

# Der Zauber guter Gespräche

*In Liebe für meine Söhne*

Ulrike Döpfner

# Der Zauber guter Gespräche

## Kommunikation mit Kindern, die Nähe schafft

**BELTZ**

Die Fallbeispiele sind rekonstruiert und zum Teil transformiert, um die Anonymität der Genannten zu wahren.

Das Werk einschließlich aller seiner Teile ist urheberrechtlich geschützt. Jede Verwertung ist ohne Zustimmung des Verlags unzulässig. Das gilt insbesondere für Vervielfältigungen, Übersetzungen, Mikroverfilmungen und die Einspeicherung und Verarbeitung in elektronische Systeme.

Die im Buch veröffentlichten Hinweise wurden mit größter Sorgfalt und nach bestem Gewissen von der Autorin erarbeitet und geprüft. Eine Garantie kann jedoch weder vom Verlag noch von der Verfasserin übernommen werden. Trotz sorgfältiger inhaltlicher Kontrolle können wir auch für den Inhalt externer Links keine Haftung übernehmen. Für den Inhalt der verlinkten Seiten sind ausschließlich deren Betreiber verantwortlich. Die Haftung der Autorin bzw. Verlages und seiner Beauftragten für Personen-, Sach- oder Vermögensschäden ist ausgeschlossen.

Dieses Buch ist erhältlich als:
ISBN 978-3-407-86610-3 Print
ISBN 978-3-407-86611-0 E-Book (EPUB)

5. Auflage 2020

© 2019 im Beltz Verlag
in der Verlagsgruppe Beltz • Weinheim Basel
Werderstraße 10, 69469 Weinheim
Alle Rechte vorbehalten

Lektorat: Sylvia Gredig, Petra Dorn
Umschlaggestaltung: www.anjagrimmgestaltung.de (Gestaltung),
www.stephanengelke.de (Beratung)
Bildnachweis: © Guille Faingold/stocksy.com
Herstellung: Sarah Veith
Satz: Publikations Atelier, Dreieich
Layout: www.anjagrimmgestaltung.de
Illustration: © Alex Oakenman/shutterstock.com (Raketen);
© majson/shutterstock.com (Elefant); © AnonimS/shutterstock.com (Maus);
© MAKSIM ANKUDA/shutterstock.com (Herzen); © www.anjagrimmgestaltung.de
(Sterne, Favoriten, Smileys, Blätter)

Druck und Bindung: Beltz Grafische Betriebe, Bad Langensalza
Printed in Germany

Weitere Informationen zu unseren Autor_innen und Titeln
finden Sie unter: www.beltz.de

# Inhalt

# Einführung

Ich muss dieses Buch mit einem Geständnis beginnen:

Ich bin keine Bastel-Mama. Ich bin handwerklich absolut ungeschickt. Ich kann nicht malen, nicht töpfern, nicht häkeln, nicht stricken, nicht werkeln – das Talent, mit meinen Händen etwas kreativ zu erschaffen, ist bei mir absolut nicht existent. Mit Kindern, gerade mit kleinen Kindern, ist das gemeinsame Basteln, Werken, Malen eine wunderschöne Aktivität, die Kreativität befördert und Nähe schafft. Leider konnte ich dies mit meinen Kindern überhaupt nicht ausleben. Die Tage der Einschulung meiner drei Söhne waren für mich immer der Tag, der »Moment of shame«, an dem meine kreative Unfähigkeit brutal ans Tageslicht befördert wurde: Gefühlt alle anderen Klassenkameraden und -kameradinnen meiner Jungs wurden zum Schulbeginn von ihren Müttern mit liebevoll selbst gebastelten, ideenreich und individuell dekorierten Schultüten ausgestattet. Meine Söhne nicht. Ich weiß gar nicht, ob ihnen das auffiel – angesprochen haben sie es bis heute nicht. Warum erzähle ich das? Nun, wenn man in einem Bereich ein Komplett-Ausfall ist, muss man sich in einem anderen sehr anstrengen, um irgendwie zu punkten. Das, was ich immer mochte, war, Gespräche zu führen. Die Berufswahl der Psychologin liegt bei dieser Affinität nahe, und im Hinblick auf meine Kinder bedeutete dies, dass ich die Zeit, in der nicht gebastelt wurde, mit Sprache füllte:

Sprechen und Lesen. Das mochte ich, da fühlte ich mich sicherer als mit einem Lötkolben, einem Pinsel oder einer Laubsäge.

Wenn ich mich an schöne und wichtige Gespräche mit meinen Kindern erinnere, begannen sie meistens mit einer für mich unerwarteten Bemerkung:

* »Wenn ich groß bin, möchte ich keinen Führerschein machen – ich habe Angst, einen Unfall zu bauen.«
* »Mein Leben ist so langweilig. Ich wünschte, es gebe mehr spannende Erlebnisse. Ich wäre gern ein Agent und würde andere jagen.«
* »Das Lächeln der Mutter von Leila (Kindergartenfreundin) ist so schön.«
* »Christoph ist ein Kinderhasser.«
* »Ich wäre lieber Captain Hook als Peter Pan – dann bin ich der, vor dem die anderen Angst haben.«
* »Das war ich nicht, das war Ginger (Fantasiewesen).«
* »Wenn ich groß bin, möchte ich in einer Hütte leben, und darin soll ganz viel Teppich sein.« – Wir hatten keinen Teppich zu Hause, nur Holzdielenböden.
* »Mama, kann der Baum bei einem Sturm auf unser Haus fallen?« – Gemeint war die große Platane, die neben unserem Wohnhaus stand.

Dies sind nur einige Sätze, die zu sehr interessanten Gesprächen führten, in denen ich manchmal Erstaunliches über meine Kinder erfuhr. Gespräche mit den eigenen Kindern sind ja gerade dann spannend, wenn wir etwas über sie erfahren, was wir gar nicht wussten, oder wenn wir etwas hören, was wir nicht vermutet hätten, da wir sie ganz anders eingeschätzt hatten – Ängste, von denen wir bisher nichts bemerkt haben, die Sehnsucht nach Risiko, von der wir nichts ahnten, Anziehungen oder Abneigungen, die wir nicht erwartet hatten, Fantasievorstellungen, die besonders sind. Wie spannend, all diese Dinge von unseren Kindern hören zu dürfen! Zu erfahren, wer sie wirklich sind, im Gegensatz zu unserer Vorstellung von ihnen und unseren Erwartungen.

Teilen unsere Kinder ihre Ideen und Gedanken mit uns, ist dies ein unglaublicher Reichtum für uns – kennen wir ihre Ängste, können wir ihnen helfen, damit umzugehen; wissen wir von ihren Sehnsüchten, Abneigungen, Vorlieben und Fantasievorstellungen, so können wir darauf eingehen.

Es ist eine wunderbare Gelegenheit, wenn ein Kind eine zufällige Bemerkung macht, die wir für ein Gespräch aufgreifen können – wir müssen also nur gut hinhören und uns Zeit nehmen und nachfragen.

Oft wurde ich in den letzten Jahren im Rahmen meiner therapeutischen Arbeit und auch außerhalb davon gefragt: Wie können wir als Eltern Gespräche mit unseren Kindern anstoßen, in denen wir mehr über sie erfahren? Wie können wir dazu beitragen, dass unsere Kinder sich öffnen?

Eltern scheint es oft richtig schwerzufallen, mit ihren Kindern in ein Gespräch zu kommen. Nicht in die üblichen »Wie war es in der Schule?«-Gespräche, sondern solche, die darüber hinausgehen. Gespräche, in denen Eltern erfahren, was in ihren Kindern vorgeht, was sie bewegt.

Mit einigen Eltern zusammen habe ich überlegt, welche Themen interessant sein könnten, um tiefe Gespräche und im besten Fall einen echten Gedankenaustausch anzustoßen, und was wichtig ist, damit Gespräche dieser Art überhaupt zustande kommen.

Aus dieser Idee heraus entstand dieses Buch. Die Grundidee war zunächst einmal, inspirierende Fragen zu sammeln, die dazu dienen, andere Gespräche als organisatorische Alltagsgespräche mit Kindern zu führen. Fragen, die dazu dienen, Persönliches von unseren Kindern zu erfahren. Es sind keine Fragen, die versuchen, intelligent zu wirken, sondern die nur ein Ziel haben: offene Gespräche in Gang zu setzen.

100 Fragen habe ich zusammengetragen, Fragen, mit denen Eltern ihre Kinder spielerisch zu einem Austausch einladen können – ohne Hintersinn, also, ohne einen konkreten Nutzen, außer dem, etwas mehr über die Gefühle und Gedanken der Töchter und Söhne zu erfahren. Die Fragen eignen sich für Kinder ab vier bis fünf Jahren und können auch mit Jugendlichen und Erwachsenen diskutiert werden. Zu jeder Frage gibt es Platz für eigene Eintragungen. Entweder, um sich die Antwort des Kindes zu notieren – so kann das Buch später auch als eine Art Tagebuch für die Ideen, Gedanken und Gefühle der Kinder genutzt werden. Oder Sie notieren Ihre eigenen Gedanken und Ideen, zum Beispiel für weiterführende Gespräche mit Ihrem Kind. Zu jeder Frage gibt es kleine Zusätze, die das Thema noch ein wenig öffnen.

Vor den 100 Fragen finden sich gut umsetzbare Anregungen dazu, was wir Eltern dazu beitragen können, damit innige Gespräche mit unseren Kindern stattfinden und gelingen können, im Alltag wie in speziellen Situationen.

Was können wir Eltern zu guten Gesprächen mit unseren Kindern beitragen? Welche Haltungen und Gesprächstechniken können wir anwenden, damit Gespräche mit unseren Kindern gelingen? Wie können wir diese Gespräche gestalten, damit eine konstruktive Gesprächsatmosphäre entsteht, in der unser Kind gern erzählt? Weiterhin gehe ich darauf ein, wie Kommunikation in herausfordernden Situationen gelingen kann – im trubeligen Familienalltag, in Konfliktsituationen und bei getrennt lebenden Eltern.

Und schlussendlich gibt es ein Kapitel über die für viele Kinder so wichtigen Großeltern: Was ist besonders bei der Kommunikation zwischen Großeltern und ihren Enkeln?

Ich wünsche Ihnen viel Freude beim Lesen und Fragen und Zuhören.

# TEIL 1

# Was können wir Eltern zu guten Gesprächen mit unseren Kindern beitragen?

# Das Geschenk der ungeteilten Aufmerksamkeit

Erinnern Sie sich, mit wem Sie sich als Kind besonders gern unterhalten haben? Mit wem hatten Sie die schönsten Gespräche? Ich habe Erwachsene und Kinder danach gefragt:

Thomas, 41 Jahre
»Die schönsten Gespräche führte ich mit meiner Großmutter auf der Küchenbank. Sie saß da, hatte immer eine Strickarbeit auf dem Schoß und hörte endlos zu. Ich konnte ihr alles erzählen. Sie interessierte sich für alles und hatte so viel Zeit. Ich stand für sie immer im Mittelpunkt.«

Beatrice, 38 Jahre
»Seit meiner Kindheit habe ich die besten Gespräche mit meiner Freundin Andrea. Sie kennt mich seit der ersten Klasse und weiß einfach, wie ich ticke. Ich habe nie Angst, ihr etwas zu erzählen, schäme mich auch nie. Ich weiß, alles ist bei ihr gut aufgehoben.«

Lea, 8 Jahre
»Am liebsten mag ich es, wenn meine Tante Lisa kommt. Dann spielen wir Zirkus, ich bin Akrobatin und turne, meine Tante schaut zu. Ich erkläre ihr dann alles, was ich mache, und sie hört mir die ganze Zeit zu.«

Linus, 11 Jahre

»Die schönsten Gespräche habe ich mit meinem Papa, bevor ich schlafen gehe. Dann kann ich ihm auch geheime Sachen sagen. Er hört mir zu und erzählt mir, wie es bei ihm in der Schulzeit war. Das finde ich schön.«

Schöne Gespräche verbinden wir mit Interesse am anderen, sich Zeit nehmen füreinander und Vertrauen haben. Wir spüren, dass wir für unseren Gesprächspartner im Mittelpunkt stehen. Sowohl aus den Antworten der beiden Erwachsenen als auch der beiden Kinder können wir herauslesen, was den Zauber der guten Gespräche für sie ausgemacht hat: ungeteilte Aufmerksamkeit!

Ob erwachsen oder Kind, durch ungeteilte Aufmerksamkeit fühlen wir uns geschätzt und wertvoll. Nach solchen Momenten sehnt sich jeder. Als Erwachsene geben wir dieses Bedürfnis nicht mehr so offen zu. Kinder können es direkt formulieren: Es ist schön, im Mittelpunkt der Aufmerksamkeit zu stehen!

Wann hat Ihnen ein Gesprächspartner oder eine -partnerin das letzte Mal aufmerksam zugehört? Mit wem sprachen Sie? Und worüber? Versuchen Sie einmal, sich an dieses Gespräch zu erinnern und noch einmal das positive, wohlige Gefühl abzurufen, das es bei Ihnen auslöste. In Ihrer Erinnerung spüren Sie: Es tut gut, von einem Gesprächspartner als wichtig empfunden zu werden.

Wir alle kennen die Situation von Festen oder anderen Veranstaltungen, bei denen man auf viele Menschen trifft, die man begrüßt. Einige sind herzlich, und wir haben das Gefühl, dass sie sich wirklich freuen, uns zu sehen. Andere gucken, noch während sie uns die Hand schütteln, im Raum umher, wen sie denn sonst noch begrüßen könnten und was sie gerade verpassen, während sie sich mit uns befassen. Sie vermitteln uns mit ihrem flackernd-suchenden Blick, dass es durchaus Wichtigeres gibt als uns. Das fühlt sich nicht gut an – manchmal wäre es sogar besser, diese Person hätte uns gar nicht begrüßt als nur so halbherzig.

Ganz anders fühlen wir uns, wenn wir mit unserem Partner oder einer Freundin sprechen, und der andere erhält während des Gesprächs einen Anruf, nimmt diesen aber nicht an, um das Gespräch mit uns nicht zu unterbrechen. Wir fühlen uns wertvoll und beachtet – wir spüren: Wir und das Gespräch mit uns sind tatsächlich im Moment die Priorität für den anderen.

Wenn es uns in unserem Alltag manchmal gelingen sollte, unserem Kind für kurze Momente genau das zu vermitteln: »Du bist jetzt gerade das Wichtigste für mich und alles andere blende ich für einen kurzen Moment aus«, dann machen wir nicht nur unserem Kind ein Geschenk, sondern auch uns selbst: Wir schaffen uns und unseren Kindern Inseln der Nähe und Geborgenheit.

# Gute Gespräche schaffen Nähe

Woran erkennen wir gute Gespräche? Am deutlichsten an den Gefühlen, die sie bei uns auslösen: Gute Gespräche mit unseren Kindern beglücken, sie stellen Verbindung und Nähe her. Aber auch an der Art und Weise, wie die Gespräche sich entwickeln, lässt sich viel erkennen: Gute Gespräche »fließen« mit Leichtigkeit – ein Satz führt zum nächsten. Wir erfahren etwas vom anderen und geben auch etwas preis von uns – wir tauschen uns tatsächlich aus. Es ist ein Dialog, in dem beide Seiten zu Wort kommen und beiden Seiten Gehör verliehen wird.

Gute Gespräche schaffen eine Atmosphäre der Intensität und gegebenenfalls auch der Tiefe. In solchen Gesprächen bleiben wir nicht an der Oberfläche wie in Plaudereien oder kurzen Textnachrichten (die auch nett sein können) – im Gegenteil: Wir haben das Gefühl, dass dieser Austausch eine Bedeutung hat.

Äußerlich sieht man Menschen die Verbundenheit während dieser Gespräche an: Die Körper sind einander zugeneigt, sie schauen sich in die Augen, manchmal berühren sie sich während der Unterhaltung, und ihre Mimik drückt durch einen interessierten Blick, einen freundlichen Gesichtsausdruck, ein Lächeln Zugewandtheit und Wertschätzung aus.

Gute Gespräche bleiben uns im Gedächtnis, sie haben eine emotionale Bedeutung – sowohl für uns als auch für unsere Kinder – und dadurch einen positiven Effekt auf unsere Beziehung zueinander: Es entsteht Nähe zwischen uns und unserem Kind. Selbst wenn so ein Gespräch vor Jahren stattgefunden hat, erinnern wir uns manchmal noch heute, dass wir es an einem verschneiten Sonntagmorgen bei einer Tasse Kakao im Bett geführt haben.

# Dem Zauber die Tür öffnen

## Chancen nutzen

Guten Gesprächen wohnt ein Zauber inne. Eine positive Energie der Verbindung entsteht zwischen beiden Gesprächspartnern. Das Gespräch plätschert nicht dahin, es lässt uns nicht kalt – es macht einen Unterschied.

Jeden Tag führen wir unendlich viele Gespräche mit unseren Kindern, um den Alltag zu organisieren: »Guten Morgen. Was magst du frühstücken?«, »Hast du an deine Sportsachen gedacht?«, »Wann schreibst du heute den Deutschtest?«, »Hast du Hausaufgaben zu machen?«, »Bist du heute Nachmittag verabredet?«, und so weiter und so weiter. Um den Familienalltag zu bewältigen, müssen unendlich viele Dinge abgestimmt und Sachinformationen ausgetauscht werden.

Diese Kommunikation ist zweckdienlich. Sie schafft Struktur im Alltag und verbindet uns auf einer organisatorischen Ebene. Doch es sind die persönlichen Gespräche, in denen es um die Einstellungen, die Ideen, die Gefühle und die Bedürfnisse unserer Kinder geht, die uns auf einer emotionalen Ebene zusammenführen.

Manchmal kann ein gutes Gespräch spontan aus einer Situation heraus entstehen, in der wir dieses gar nicht geplant hatten –

manchmal gibt es Fragen, die unsere Kinder stellen, oder Bemerkungen, die sie machen, bei denen wir spüren: Das dürfen wir jetzt nicht nebensächlich behandeln oder vorbeiziehen lassen.

Der eher schüchterne elfjährige Lukas sprach seine Mutter auf der Fahrt zum Sportverein auf den Tod der kürzlich verstorbenen Großmutter an. Das Thema Tod war in der Familie vor den Kindern gemieden worden – die Mutter hatte früh ihren jüngeren Bruder verloren und vor dem Tod der Großmutter einige andere Verwandte. Sie war so belastet durch diese Verluste, dass sie ihren Kindern diese negativen Themen ersparen wollte. Als ihr Sohn sie jedoch so unvermittelt auf den Tod ansprach — das hatte er zuvor noch nie getan –, fuhr sie an den Straßenrand, parkte das Auto und stellte sich den Fragen ihres Kindes, auch denen nach ihrer eigenen Traurigkeit. Es wurde für sie beide zu einem wichtigen Gespräch, in dem der Sohn neugierig fragte und sie antwortete. Sie war selbst erstaunt, dass sich kein trauriges und belastendes, sondern ein sehr verbindendes Gespräch ergab. Geplant hatte sie das nie. In dem Moment, als ihr Sohn sie so direkt ansprach, erkannte sie die Tragweite seiner Frage und entschied spontan, sich darauf einzulassen und sich für seine Fragen zu öffnen. Sie hatte die Chance auf einen innigen und wichtigen Austausch erkannt und genutzt.

Das Auto, der Zug oder der Bus sind wichtige Orte, weil hier oft interessante Gespräche zustande kommen. Häufig nutzen wir Auto- oder andere Fahrten, um Telefonate zu führen, die wir noch auf unserer To-do-Liste abhaken wollen. Dinge müssen erledigt werden, daran lässt sich nichts ändern. Vielleicht aber können wir einige Telefonate auch auf einen späteren Zeitpunkt verschieben, um uns auf der Fahrt mit unserem Kind oder unseren Kindern zu unterhalten. Oft kommen gerade in dieser räumlich überschaubaren Situation, die dadurch etwas Verbindendes herstellen kann, Gesprächsthemen auf, die zu schönen Unterhaltungen führen.

Viele wichtige Fragen kommen von Kindern auch gern in Vorbereitungssituationen, beispielsweise, wenn wir gerade dabei sind, uns morgens fertig zu machen, oder wenn unser Kind sich seine Schuhe anzieht, kurz bevor wir gemeinsam aus dem Haus gehen wollen. Dann kann eine Fünfjährige schon mal fragen: »Mama, warum habe ich so Angst, wenn es dunkel wird« oder »Was passiert, wenn ich sterbe?« oder »Muss ich meinen kleinen Bruder immer lieb haben?« Fragen, bei denen wir merken, dass die Tochter mit einem Thema beschäftigt ist und gern mit uns darüber sprechen möchte.

Weil es eine Situation ist, in der wir mit organisatorischen Dingen rund um den Aufbruch beschäftigt sind, antworten wir knapp, denken uns vielleicht, dass wir auf die Frage später noch einmal eingehen wollen, aber dann vergessen wir es, oder unsere Tochter ist dann nicht mehr in der Stimmung für ein Gespräch.

Wenn wir es schaffen, uns in solchen, für uns meist zeitlich angespannten Situationen trotzdem einige Minuten Zeit zu nehmen, um auf die Frage des Kindes einzugehen, haben wir die Chance auf ein besonderes Gespräch. Ob wir fünf Minuten zu spät im Kindergarten waren, ist in wenigen Tagen vergessen, an das Gespräch mit unserer Tochter erinnern wir uns vielleicht noch in Wochen und Monaten. Gerade für kleinere Kinder ist es schwierig, Fragen in »Wiedervorlage« zu besprechen. Sie leben im Hier und Jetzt, im Moment – wenn sie jetzt gerade eine Frage auf dem Herzen haben, heißt das nicht unbedingt, dass sie auch noch darüber sprechen möchten, wenn wir dafür Zeit haben.

## Sich emotional einlassen

Nicht immer sind Eltern in der Stimmung, intensive Gespräche mit ihren Kindern zu führen. Manchmal sind wir belastet oder traurig und fühlen uns nicht stark genug, uns den Fragen unserer Kinder zu stellen oder uns mit ihren Sorgen zu beschäftigen. Sind wir emotional unausgeglichen, können wir uns nur mit viel Kraft und Disziplin auf einen Austausch einlassen, denn wir sind abgelenkt von unseren eigenen Gefühlen und Gedanken.

Zunächst sollten wir uns um unsere eigene emotionale Balance kümmern. Es gelingt uns leichter, gebende und fürsorgliche Eltern zu sein, wenn wir für uns selbst sorgen und auch auf unsere eigenen Bedürfnisse achten. Sich einlassen lässt sich nicht forcieren, es wird uns besser gelingen, wenn wir entspannt und fokussiert sind. Auf ein gutes Gespräch zu hoffen, wenn wir selbst unausgeglichen und abgelenkt sind, ist unrealistisch. Stattdessen sollten wir etwas tun, was uns hilft, unsere Gefühle zu klären und Lösungswege aus unserer belasteten Stimmung zu finden. Dies kann je nach Alter der Kinder und Familiensituation ein Spaziergang, ein Gespräch mit einer Freundin, etwas Musik hören oder vielleicht eine Stunde Sport sein. Wenn es uns besser geht, werden auch unsere Kinder von dieser Ausgeglichenheit profitieren.

Bei chronischer Belastung wie bei Stress am Arbeitsplatz oder solchem, der durch Partnerschaftsprobleme ausgelöst wird, reichen punktuelle Hilfsmaßnahmen nicht aus. Auch hier sollten wir kontinuierlich versuchen, Maßnahmen der Selbstfürsorge wie Sport, Meditation, gesunde Ernährung und ausreichend Schlaf in unseren Alltag einzubauen, es kann wichtig sein, sich zusätzlich externe Hilfe zu suchen – sei es etwa therapeutische Hilfe oder eine Selbsthilfegruppe.

Je mehr wir bei uns sind und je ausgeglichener wir uns wahrnehmen, desto besser sind wir in der Lage, empathisch auf unsere Kinder zu reagieren, auf sie einzugehen und Angemessenes über uns preiszugeben. Fühlen wir uns balanciert, sind wir »gut drauf«, haben wir die Kraft, mit dem, womit die Kinder uns konfrontieren, umzugehen.

## Sich geistig einlassen

So oft reden wir mit unseren Kindern, sind aber gedanklich bei anderen Themen, organisieren im Geist, denken noch über Jobthemen nach, grübeln über irgendetwas, was zuvor schiefgelaufen war, oder sind durch irgendein anderes Thema gedanklich abgelenkt. Das ist normal, denn wir sind Menschen und keine Supereltern, die ihre eigenen Bedürfnisse ständig abspalten.

Das Organisieren des Alltags, das Abstimmen von Tagesabläufen funktioniert in der Regel auch, wenn wir nicht zu 100 Prozent bei der Sache sind. Wollen wir aber intensive und gute Gespräche mit unseren Kindern führen, sollten wir uns in Gänze auf sie als Gesprächspartner, das Gespräch und die Situation einlassen. Ein fließendes, inspiriertes und schönes Gespräch kommt nur zustande, wenn wir voll bei der Sache sind.

Deshalb ist es wichtig, dass wir uns bewusst entscheiden, alles Ablenkende auszublenden, uns ganz auf unser Kind und das sich entwickelnde Gespräch zu konzentrieren. Wie in anderen Situationen, in denen wir uns voll konzentrieren müssen oder wollen, heißt das, dass wir gedanklich nur bei unserem Gespräch bleiben und alle anderen Gedanken für den Moment des Gesprächs hintanstellen – dass wir uns nicht gedanklich damit beschäftigen, was wir noch erledigen müssen, keine Berufsthemen gedanklich bearbeiten, sondern uns einfach nur auf dieses Gespräch konzentrieren. Unser Kind spürt, dass wir gedanklich bei ihm sind, indem wir uns ihm zuwenden, es interessiert ansehen, hin und wieder nicken und eingehen auf das, was es sagt.

Eine massive Störquelle von Gesprächen ist das Handy. Für ein ungestörtes Gespräch ist es sinnvoll, nicht auf das Handy zu sehen oder zu hören, es am besten auf Lautlos zu stellen und außerhalb der eigenen Sicht zu legen. Die Auswirkungen des Handys auf das Familienleben wurden in einer Onlinebefragung[1] untersucht, die das Unternehmen für Sicherheitssoftware AVG Technologies durchführen ließ. Hierzu wurden Eltern und ihre Kinder (8 bis 13 Jahre alt) in Deutschland, Frankreich, Großbritannien, Tschechien, USA, Australien, Kanada, Neuseeland und Brasilien befragt (6117 Kinder und Erwachsene nahmen an der Befragung teil). Ein Drittel der befragten Kinder gab an, dass sie fänden, dass ihre Eltern sich gleich viel oder weniger mit ihnen als mit ihren Handys beschäftigten, und rund die Hälfte der Kinder (54 Prozent) gab an, dass ihre Eltern ihre Handys zu oft checken würden. Auf einer Liste von möglichen schlechten Geräteangewohnheiten gaben 36 Prozent der Kinder als die größte Beschwerde an, dass ihre Eltern durch ihre Handys in Unterhaltungen abgelenkt wären. Dadurch fühlten sich 32 Prozent der Kinder, die diese Beschwerde hatten, unwichtig. Im Übrigen ergab die Studie auch, dass sich 25 Prozent der Eltern wünschten, dass ihre Kinder ihre Mobiltelefone weniger benutzen. Fast ein Drittel der Eltern (28 Prozent) fand, dass sie selbst kein gutes Beispiel für ihre Kinder setzten hinsichtlich des Umgangs mit dem Handy.

Wir wissen es aus eigener Erfahrung: Erzählen wir einer Freundin etwas, und sie ist ständig an ihrem Handy zugange, haben wir nicht das Gefühl, dass wir und das, was wir ihr erzählen möchten, ihr wichtig sind. Unsere Reaktion: Wir ziehen uns zurück. Entweder, die Freundschaft ist uns so wichtig, dass wir später mit ihr über ihr Verhalten sprechen, oder wir entscheiden uns, dass wir ihr nichts mehr anvertrauen.

Es ist nicht die Aufgabe unserer Kinder, uns auf unsere Schwächen hinzuweisen. Fühlen sie sich im Gespräch nicht umfänglich beachtet, ziehen sie sich zurück. Sie werden sich uns nur anvertrauen, wenn sie sich wahrgenommen, gesehen und gehört fühlen.

Neben der Konzentration auf das Kind befördert Neugierde das geistige Einlassen. Neugierde ist jedoch eine Eigenschaft, die vielen Erwachsenen abhandengekommen ist. Kinder zeigen ihre Neugierde oft unverhohlen, können über Dinge staunen, die sie interessieren, und sich begeistern. Neugierde erzeugt Intensität.

Ich kann mich auf mein Kind konzentrieren und allem folgen, was es sagt, und darauf auch angemessen und interessiert reagieren. Ein spannendes Gespräch entsteht aber vor allem dann, wenn mich die Neugierde packt: Wie genau meint mein Sohn das, wovon er gerade spricht? Was steckt hinter seinen Worten? Warum erzählt er gerade jetzt darüber? Neugierde treibt mich an, den Dingen auf den Grund zu gehen, und zwar aus meinem inneren Bedürfnis heraus. Ich möchte mein Kind wirklich verstehen. Ich kommuniziere nicht, weil ich denke, dass dies auf diese Art und Weise für mein Kind angemessen ist, sondern weil ich angetrieben bin durch mein Interesse.

Neugierde lässt sich nicht verordnen. Menschen haben unterschiedliche Interessensgebiete, und dementsprechend bezieht sich ihre Neugierde auf unterschiedliche Bereiche – der eine Mensch hört in seiner Freizeit oft Elektromusik, und seine Begeisterung treibt ihn dazu, sogar selbst auszuprobieren, Elektromusik zu machen; der andere interessiert sich für Schmetterlinge, und seine Neugierde richtet sich darauf, über das Leben und die Vielfalt dieser Insekten zu erfahren. Keiner der beiden könnte vermutlich dieselbe Leidenschaft für das Interessensgebiet des anderen entwickeln. Es gibt auch Menschen, die sind neugierig auf andere Menschen. Sie lieben es, Gespräche mit anderen Menschen zu führen. Die Inhalte der Gespräche sind eigentlich nebensächlich, denn es geht ihnen nicht darum, bestimmte Themen zu besprechen, sondern darum, den Menschen, den sie vor sich haben, zu erfassen. Meist sind diese Menschen deshalb sehr beliebte Gesprächspartner, denn sie vermitteln ihrem Gegenüber, wie spannend er für sie ist.

Wenn Sie sich einmal kurz auf Ihre Neugierde besinnen, auf das Interessengebiet, das Ihnen am Herzen liegt, dann spüren Sie die Energie, die dieses Thema bei Ihnen aktiviert. Wenn wir einen Funken dieser Energie in die Gespräche mit unseren Kindern einbringen können, verändern wir die Intensität, mit der wir dieses Gespräch führen. Es macht einen Unterschied, ein aufmerksames, liebevolles und zugewandtes Gespräch zu führen oder eben dieses Gespräch auch mit einer Portion Neugierde zu führen. Neugierde treibt Verstehenwollen an. Wenn wir neugierig sind, sind wir offen, und: Wir haben Spaß! Wir wollen etwas erfahren und der Prozess, der uns dahin führt, bereitet uns Freude. Es ist keine Pflichtübung und das macht einen entscheidenden Unterschied für uns und unser Gegenüber.

Bei vielen Gesprächen, die ich in unterschiedlichen Kontexten führte, habe ich innerlich einen Hebel umgelegt, als ich merkte, das Gespräch »plätscherte« vor sich hin. Und ich konnte immer einen großen Unterschied feststellen, wenn ich mich entschloss, meine Haltung zu ändern und meinem Gegenüber wirklich mit Neugierde zu begegnen. Durch meine Haltung änderte sich die Gesprächsbereitschaft und Offenheit meines Gesprächspartners, was wiederum auch meine Offenheit beförderte. Ich habe schon die interessantesten Tischgespräche mit Menschen geführt, von denen ich zunächst dachte: »Oh je, mit dem habe ich mir ja gar nichts zu sagen ...« Es liegt einzig und allein an meiner Haltung – bin ich neugierig darauf, den anderen zu begreifen und zu verstehen, dann entwickeln sich im Gespräch immer Themen – denn der andere ist das Thema.

Es ist für jeden Menschen, nicht nur für unser Kind, ein Gefühl großer Wertschätzung, zu spüren, dass der andere ihn wirklich verstehen möchte. Wenn wir dann noch merken, dass unser Gesprächspartner Freude an diesem Verstehenwollen empfindet und dieses Gespräch nicht aus Höflichkeit oder Disziplin führt, dann kann solch ein Gespräch Tiefe und Nähe befördern.

## Vertrauen etablieren

Nähe zu Kindern entsteht, wenn wir ihnen offen und ohne Wertung begegnen. Wir spüren es daran, dass sie sich öffnen und das Gespräch mit uns suchen. Wir spüren ihr Vertrauen, das sie uns entgegenbringen.

> »
> Ich vertraue meiner Mama und erzähle ihr auch
> Geheimnisse, die ich sonst keinem erzähle.
> Ich weiß, dass sie nicht schimpft und sie sie auch
> nicht weitererzählt. **Pia, 10 Jahre**
> «

Kinder erzählen von sich, wenn sie das Gefühl haben, dass sie uns vertrauen können – dann schütten sie uns ihr Herz aus und berichten über Dinge, die sie beschäftigen, erfreuen oder auch belasten. Vertrauen entsteht aus einer komplexen Mischung unterschiedlicher Faktoren und lässt sich nicht auf eine einfache Formel bringen. In jedem Fall können wir durch unser Verhalten zur Vertrauensbildung beitragen:

\* Wenn Kinder erleben, dass wir aufnahmebereit auf ihre Anliegen reagieren, entwickeln sie ein Vertrauen, dass wir eine gute »Anlaufstelle« für ihre Sorgen, Nöte oder Wünsche sind. Wenden sie sich mehrfach an uns und wir »hören« sie nicht oder nehmen uns keine Zeit, auf sie einzugehen, werden sie nicht auf unsere Hilfe zählen und sich zukünftig mit ihren Sorgen oder Wünschen bei uns zurückhalten.

Der zehnjährige Niklas wusste, dass sein viel beschäftigter Vater jede Sitzung unterbrach, wenn er die Nummer seines Sohnes auf dem Handy sah. Das hatte Niklas in zwei für ihn wichtigen Situationen erlebt, in denen er den Rat seines Vaters suchte. Auch wenn sein Vater nicht viel Zeit für ihn hatte, vertraute er darauf, dass er für ihn da war, wenn es »brannte«.

\* Wenn wir *konstruktiv* auf die Anliegen unserer Kinder reagieren, das heißt, wenn wir Anteil nehmen und mit ihnen gemeinsam nach Lösungen suchen, werden sie ein Vertrauen entwickeln, dass sie durch Gespräche mit uns Hilfe erhalten.

Die achtjährige Lea eckte in der Schule ständig bei ihren Klassenkameraden an, sie spürte, dass sie daran einen Anteil hatte, gab auch zu, andere zu ärgern. Zunächst hatte sie deshalb Angst, ihrer Mutter davon zu erzählen. Nachdem sie es doch getan hatte, war sie froh, dass ihre Mutter sie nicht ausschimpfte, wie sie es befürchtet hatte, sondern ihr dabei half zu überlegen, wie sie besser mit ihren Klassenkameraden zurechtkommen könnte.

✳ Wenn wir uns als *zuverlässig* erweisen, das heißt, wenn wir Zusagen, die wir gemacht haben, einhalten, wird das zu ihrer Einschätzung von uns als vertrauenswürdigen Gesprächspartnern beitragen.

Der 15-jährige Antonio, der sich ständig mit seiner Mutter wegen schlechter Schulleistungen stritt, zog sich irgendwann nur noch total genervt zurück. Mehrfach hatte ihm seine Mutter zugesagt, dass er sich von seinem eigenen Geld, das er durch Babysitten, Weihnachts- und Taschengeld erspart hatte, einen Computer kaufen dürfte. Aufgrund von immer neuen Konflikten zog sie ihre Zusage dann aber immer wieder zurück. Irgendwann sah Antonio überhaupt keinen Sinn mehr darin, mit ihr zu sprechen, da er nicht das Gefühl hatte, dass er ihren Zusagen vertrauen konnte.

✳ Wenn wir *ehrlich* mit unseren Kindern umgehen, sie nicht hintergehen oder ihnen nicht die Unwahrheit sagen und das uns Anvertraute für uns behalten, werden sie unseren Worten glauben, und sie werden uns vertrauen.

Die 14-jährige Camilla wurde von ihrem Vater während eines Wutausbruchs, den sie bei einem Streit mit ihrer Mutter hatte, heimlich mit dem Handy aufgenommen. Als Camilla dies mitbekam, fühlte sie sich von ihrem Vater hintergangen. Sie hatte danach Schwierigkeiten, ihm zu vertrauen – auf die Beziehungs-Angebote ihres Vaters ging sie nach der heimlichen Aufnahme nur noch selten ein.

\* Wenn wir *liebevoll* auf das, was unsere Kinder uns mitteilen, eingehen, werden sie das Vertrauen entwickeln, dass sie mit ihren Anliegen bei uns gut aufgehoben sind. Reagieren wir wertend, abwertend oder vorwurfsvoll, werden sie sich lieber an andere Menschen wenden, um Sorgen oder Nöte zu teilen.

Die neunjährige Jasmin kam während eines Urlaubs in einer Hotelanalage aufgeregt zu ihrer Mutter gerannt. Auf dem Hotelspielplatz, auf dem sie mit ihrer kleinen Schwester spielte, hatte ihr ein fremder Hotelgast einen Klaps gegeben, weil Jasmin sich auf der Rutsche vor seine kleine Tochter gedrängelt hatte und diese von der Rutsche gefallen war. Jasmin hatte keine Sekunde gezögert, ihrer Mutter davon zu berichten. Sie wusste, dass ihre Mutter liebevoll reagieren würde, sie in den Arm nehmen und trösten würde. Sie vertraute darauf, dass ihre Mutter sie – auch wenn sie etwas »Falsches« gemacht hatte – in Schutz nehmen würde. Würde ihre Mutter gewöhnlicherweise mit Vorhaltungen reagieren – im Sinne von: »Na, warum hast du denn auch gedrängelt, du weißt doch, dass man das nicht tut« –, wäre sie ihr nicht mit so viel Vertrauen begegnet.

## Offenheit schlägt Brücken

Wir alle schätzen Gesprächspartner, die offen auf das reagieren, was wir ihnen erzählen. Die gut zuhören und sich dann auf das einlassen, worüber wir berichten. Wenn wir eine neue Idee haben, von der wir begeistert sind, wissen wir, wem wir sie erzählen möchten und wem nicht. Unserer befreundeten Kollegin, die überall nur Risiken sieht, sicher nicht und auch nicht unserem besten Freund, der gern an Gewohntem hängt und sich mit Veränderungen schwertut. Natürlich wollen wir sie mit jemandem teilen, der offen und somit auch begeisterungsfähig dafür ist. Kinder, besonders Jugendliche, empfinden ihre Eltern häufig nicht als offen.

Larissa, 14 Jahre
»Meinen Eltern erzähle ich von meinen Lebensträumen gar nichts. Sie haben so feste Vorstellungen von dem, wie ich zu sein habe, dass sie mir sowieso nicht zuhören.«

Ben, 17 Jahre
»Mit meinen Eltern kann man nie »spinnen«, nie einfach sich mal etwas ausmalen oder sich vorstellen. Mit meinem Vater noch eher als mit meiner Mutter. Mit ihr muss alles immer so realistisch und vernünftig sein.«

Warum ist das so und muss es tatsächlich so sein? Als Eltern sind wir für das Wohl unserer Kinder verantwortlich, und natürlich haben wir eine bestimmte Vorstellung davon, wie ihr Wohl auszusehen hat. Wir versuchen, unsere Kinder bei der Umsetzung dieser Vorstellung zu unterstützen. Aber deshalb ist es nicht nötig, Gespräche von vornherein abzublocken, die nicht mit unseren Vorstellungen übereinstimmen. Wir berauben uns dadurch nur der Chance, Wichtiges von unseren Kindern zu erfahren. Irgendwann und irgendwie hat sich in unserer Elternlaufbahn ein Gesprächsreflex von Ratschlägen und Bewertungen eingeschlichen.

In vielen Fällen ist das auch gut so. Wir erziehen, und dazu gehört in wichtigen Entscheidungen eine klare Haltung, so nehmen wir unsere Verantwortung der Erziehung wahr. Oft ist uns dieser »Mantel« der elterlichen Verantwortung jedoch so angewachsen, dass wir zu allem unsere Bewertung und unsere Ratschläge geben und so viele interessante Gespräche im Keim ersticken. Auch bei Themen, bei denen wir mit unseren Kindern mal ein bisschen »spinnen« oder ihnen Raum lassen könnten, von ihren Träumen zu berichten, unabhängig davon, ob sie realistisch sind oder nicht.

Unter den 100 Fragen in Teil 3 dieses Buches befinden sich solche, die sich auch mit nicht unbedingt realistischen Wünschen befassen, wie etwa:

Wo würdest du gern leben? Wie würde dein Traumhaus aussehen? Mit wem würdest du gern mal einen Tag verbringen? Sich über diese Fragen auszutauschen, heißt nicht, die angesprochenen Wünsche auf ihre Durchführbarkeit zu überprüfen und zu Realität werden zu lassen. Es bedeutet für unser Kind, sich zu artikulieren, seine Persönlichkeit auf diese Art und Weise ein Stück mehr zu definieren und uns Eltern an seinen Wünschen und Vorlieben teilhaben zu lassen.

An einem Sommertag, an dem ich einen Spaziergang machte und eine Kindergartengruppe meinen Weg kreuzte, hörte ich einen Dialog zwischen einer Erzieherin und einem etwa fünfjährigen Jungen. Er berichtete sichtlich gut gelaunt und mit kräftiger Stimme:»Und ich will ein großes Haus haben mit einem großen Garten und ganz vielen Tieren darin.«

Die Erzieherin reagierte in einem ganz anderen Modus als der

Junge – nicht in dem gut gelaunten »Was kostet die Welt?«-Modus des kleinen Jungen, sondern dem realistischen Erwachsenen-Modus:»Und wie willst du dir das leisten? Woher willst du das Geld nehmen?«

Immer noch gut gelaunt, aber etwas gedämpfter antwortete der Kleine:»Das verdiene ich dann.«

Daraufhin die Erzieherin noch freudloser als vorher:»Ein großes Haus kostet sehr viel Geld, ein großer Garten kostet sehr viel Geld, und Tiere kosten auch sehr viel Geld. Dann musst du aber sehr, sehr, sehr viel Geld verdienen. Wie willst du denn so viel Geld verdienen?«

Nun, sichtlich verunsichert und deutlich leiser, antwortete der Junge:»Weiß ich nicht ...« – und das Gespräch war beendet.

Sicherlich hat sich die Erzieherin in dem guten Willen geäußert, den Jungen an die Realität heranzuführen. In solchen Gesprächen geht es aber gar nicht darum, wie realistisch etwas ist oder nicht, es geht einfach darum, sich etwas Schönes auszumalen und davon zu träumen. Kinder müssen nicht so realitätsnah wie wir Erwachsenen funktionieren, sie dürfen träumen und sich schöne Dinge ausmalen, deren Vorstellung ihnen guttut. Spätestens im Jugendalter lernen Kinder, Dinge realitätsnah zu betrachten und zu analysieren. Und wie wir wissen, auch im Erwachsenenalter tut träumen gut, es kann beflügeln und helfen, über sich hinauszuwachsen.

Wenn Kinder ihre Träume realistisch untermauern sollen, bringen wir sie zum Schweigen, so wie den Jungen aus der Kindergartengruppe.

# Vorsicht vor »Etikettierungen«

Niemand kennt ein Kind besser als seine Eltern: Sie haben es bereits vor der Geburt geliebt und beobachten es, seit es auf der Welt ist, sie erfreuen sich jeden Tag an ihm und kennen jeden Wimpernschlag, jedes Naserümpfen und Lächeln, seine Ess- und Schlafgewohnheiten, seine Lieblingsklamotten und -spiele, seine Launen und Empfindlichkeiten. Eltern kennen ihre Kinder in- und auswendig. – Stimmt das?

In vielerlei Hinsicht mag es stimmen, aber wir vergessen dabei unsere ganz menschliche Art, uns ein Bild vom anderen zu machen. Um Ordnung nicht nur im Materiellen, sondern auch im Denken zu schaffen, richten wir gern Schubladen ein, in die wir Dinge sortieren. Auch unsere Kinder sortieren wir da hinein, oft, ohne es zu merken.

»Unser Großer, der Zwölfjährige, ist der Kaufmann, der mit Zahlen umgehen kann, und der Kleine ist der Künstler – der lebt in seiner eigenen Welt und kann mit Zahlen nichts anfangen«, erklärte mir ein Vater vor seinem jüngeren Sohn die Persönlichkeiten seiner Kinder. Still stand der Zehnjährige daneben und zuckte mit den Schultern, als ich ihn fragte, ob er sich auch so sehe.

Gern »verpassen« wir unseren Kindern eine »Etikettierung« – wir wissen, dass unser Sohn sicher einmal Architekt wird, weil er solche tollen Lego-Konstruktionen baut, und dass unsere Tochter Schauspielerin wird, weil sie so begabt Leute nachmacht und, und, und ... Auch Eigenschaften weisen wir zu wie ein Etikett: Jasper ist ängstlich, Leo ist tapfer und Emilia ehrgeizig.

Oft arbeiten sich Erwachsene Jahrzehnte an diesen Etikettierungen ab, die sie in ihrer Kindheit erhalten haben, und versuchen, den zugedachten beruflichen Prophezeiungen gerecht zu werden oder auch den zugeschriebenen Eigenschaften zu entsprechen beziehungsweise das Gegenteil zu beweisen.

Pascal, ein 21-Jähriger, den seine Eltern seit frühester Kindheit als Anwalt sahen, traute sich erst nach vier Semestern Jura-Studium sich einzugestehen, dass er gar kein Anwalt werden wollte. Dass er zwar das »Zeug« dazu hatte, wie sein Vater immer stolz sagte, dass er es aber gar nicht wollte. Was er wollte, musste er erst einmal herausfinden, so gesteuert war er von den Wünschen seiner Eltern gewesen. Als er ein kleiner Junge war, hatte es ihm gutgetan, dass seine Eltern ihn für so klug und so sprachgewandt hielten, gerade weil er im Gegensatz zu seinem sehr sportlichen großen Bruder nicht mit Medaillen von Sport-Wettkämpfen nach Hause kam. Lange Zeit nährte sich sein Selbstbewusstsein aus der Einschätzung seiner Eltern. Hatte er bei einer Familienfeier eine schöne Tischrede gehalten, verkündete der Vater stolz: »Der wird mal Anwalt.«. Am Elternsprechtag erklärte er das auch Pascals Lehrern. Und irgendwann fing Pascal dann mit einem Jurastudium an – mit was denn auch sonst?

Etikettierungen, ob positiv oder negativ, werden über Sprache vergeben. Sie ordnen ein, grenzen ein, weisen zu, lassen keinen Spielraum, sind unflexibel und spiegeln elterliche Erwartungen und Wünsche wider. Hinter diesen Etikettierungen steht eine Haltung: Wir Eltern haben eine Einschätzung zu unserem Kind, die festgelegt ist. Wenn unser Kind diese lang genug hört, hat es unsere Einordnung für sich verinnerlicht. In Gesprächen sollten wir deshalb vorsichtig mit diesen Etikettierungen umgehen. Sprache schafft Realitäten, unsere Worte haben Gewicht in der Wahrnehmung unserer Kinder. Gelingt es uns, eine offene Haltung dem Kind gegenüber einzunehmen und tatsächlich zu beobachten und wahrzunehmen, was für Signale es sendet, ohne gleich eine feststehende Etikettierung vorzunehmen, lassen wir ihm Raum für Entwicklung. Sicherlich gibt es angelegte Temperamentseigenschaften, aber Kinder entwickeln sich und durchleben Phasen. Wir sollten ihnen dieses Entwicklungspotenzial und auch die Möglichkeit auf Veränderung zugestehen.

Wenn wir vor dem Besuch, den die siebenjährige Tochter sich nicht traut zu begrüßen, erklären:»Tja, Anna ist halt unser kleiner Angsthase« und nicht reagieren, wenn sie sich wortlos umdreht und den Raum verlässt, legen wir sie mit dem Etikett »kleiner Angsthase« auf diese Rolle fest und lassen sie mit der Zuweisung allein. Wenn wir sie hingegen bei der Begrüßungssituation unterstützen, indem wir sie an die Hand nehmen und ihr unseren Besuch vorstellen, helfen wir ihr dabei, ihre Schüchternheit zu überwinden. Wir nehmen ihre Ängstlichkeit wahr, »etikettieren« aber nicht, sondern bemühen uns, sie in dem, was sie braucht, zu unterstützen.

Grundsätzlich gibt es zwei Sorten von »Etiketten«: positive und negative. Positive Etikettierungen drücken häufig anspruchsvolle Leistungserwartungen der Gegenwart oder Zukunft aus:»Du wirst mal Politikerin« – »... Spitzenanwalt«, »... Popstar«, »Du bist der geborene Tennisspieler«, »... ein Klaviertalent«.

Negative Etiketten, auch wenn sie liebevoll ausgedrückt sind – »unser kleiner Angsthase« –, würdigen das Selbstbewusstsein unserer Kinder herab:»Der Fleißigste bist du nicht«,»Du kannst nicht mit Zahlen umgehen«,»Aus dir wird nie eine Sportskanone werden.«

Wenn wir in positiven Zuweisungen denken, fokussieren wir uns sehr auf die Leistung, die wir uns von unseren Kindern wünschen. Das kann sich auf einen Berufswunsch für unser Kind, seine sportliche oder musikalische oder eine Leistung in einem anderen Bereich beziehen. Hinter dem positiven Etikettieren unserer Kinder steckt unser eigenes Wunschdenken, wir legen unsere Kinder auf das fest, was wir uns von ihnen wünschen. Das kann dazu führen, dass wir unsere Anerkennung und unsere Liebe nur ausdrücken in Verbindung mit der Leistung, die wir uns von ihnen wünschen. Unsere Haltung wird ausgedrückt durch Sprache. Wir können uns selber überprüfen:»Etikettieren« wir unsere Kinder? Sprechen wir oft von »Du wirst einmal ...«? Weisen wir unserem Kind Rollen zu wie »der geborene Tennisspieler«,»das Klaviertalent«? Wir sollten immer wieder überprüfen, ob es tatsächlich auch der Wunsch unseres Kindes ist, sich in die von uns gewünschte Richtung zu entwickeln. Ist dies nicht der Fall, lebt es nicht seinen Bedürfnissen entsprechend, was es langfristig nicht glücklich machen wird.

Deshalb tun wir gut daran, Einschätzungen als solche zu formulieren:

»Ich könnte mir vorstellen, da du so gern formulierst und diskutierst und dir politische Themen Spaß machen, dass du eines Tages Politikerin werden könntest – vorausgesetzt, dass dich dieser Beruf überhaupt interessiert.« Hiermit deklarieren wir unsere Aussage klar als unsere Einschätzung und nicht als Realität, die irgendwann eintritt:»Du wirst einmal Politikerin.« Und wir lassen unserem Kind so die Möglichkeit, seine Meinung dazu zu äußern. Hieraus kann sich ein interessanter Austausch ergeben, in dem es uns an seinen Ideen teilhaben lässt und wir überprüfen können, ob unsere Einschätzung zu seinen Empfindungen und Vorstellungen passt.

Natürlich verleihen positive Etikettierungen unserem Kind auch Selbstbewusstsein, beispielsweise, wenn wir ihm einen herausfordernden Beruf zutrauen. Wiederholen wir diese Aussage jedoch wie eine Realität, so stellen wir sie als unverrückbar und geradezu zwangsläufig dar. Unser Kind empfindet dann den Auftrag, diese Vorstellung in die Realität umsetzen zu müssen. Das Problem dabei ist, dass es gar nicht die Vorstellung oder der Wunsch unseres Kindes war, dies einzulösen, sondern unsere eigene.

Mariella, ein Einzelkind, war die ganze Freude ihrer Eltern. Besonders stolz auf ihr musikalisches Talent war ihr Vater, der sie früh animierte, vor anderen Menschen zu singen, und immer, wenn in das gastfreundliche Haus Besuch kam, wurde Mariella aufgefordert vorzusingen. Dafür bekam sie immer viel Applaus und für ihren Vater war klar:»Du wirst einmal eine berühmte Opernsängerin.«

Dies erzählte er jedem, der es wissen wollte ... oder auch nicht. Die Eltern waren große Musikliebhaber und Mariella besuchte ab einem frühen Alter mit ihren Eltern klassische Konzerte und Opernaufführungen. Dort saß sie, von der Mutter fein zurechtgemacht, und fiel stets als das süße, musikinteressierte Mädchen auf. Auch hier bekam sie viel Lob von anderen Konzertbesuchern. Sie erhielt Klavier- und Gesangsunterricht, als Jugendliche sang sie in unterschiedlichen Bands. Als sie feststellte, dass ihr Talent nicht für eine professionelle Laufbahn genügte, verabschiedete sie sich von dem Traum einer Solo-Karriere und studierte Wirtschaft. Schließlich wurde sie Managerin in einem Konzern. Sie hatte sich als junge Erwachsene zwar distanziert von dem Wunsch ihres Vaters, eine berühmte Opernsängerin zu werden, doch die Idee, berühmt werden zu müssen, war geblieben. Sie suchte auch in dem professionellen Feld, in dem sie schließlich arbeitete, das Publikum und bekam oft in öffentlichen Auftritten und Vorträgen Applaus. Sie fühlte sich letztlich nur wertvoll, wenn sie Applaus bekam. Sie führte das auf ihre kindlichen Erlebnisse zurück, wenn ihr Vater sie stolz dazu aufforderte, vor Besuch zu singen. Der Applaus, der folgte, ließ sie sich wertvoll fühlen. Ihr Selbstwert wurde genährt durch das Etikett des Vaters »Du wirst eine berühmte Opernsängerin« und dem damit zusammenhängenden Applaus. Als Erwachsene fühlte sie sich wertlos ohne Leistung und ohne Applaus und »hechelte« danach, wie sie es selber nannte.

Dieser Vater, der seine Tochter über alles liebte und ihr nur Gutes wollte, hatte ihr vermittelt, dass sie nur wertvoll war, wenn sie sein »Etikett« bediente, nämlich, wenn sie Opernsängerin wurde oder zumindest berühmt.

Wenn wir es schaffen, unseren Kindern mit einer offenen Haltung zu begegnen, und ihnen zeigen, dass wir sie für das lieben, was sie sind, und nicht für das, was sie leisten, oder für das, was wir uns wünschen, dass sie einmal sein werden, gibt es die Chance, dass das Selbstbewusstsein unserer Kinder auf dem fußt, was sie sind, und nicht auf dem, was sie leisten oder leisten werden.

Unseren Kindern unsere bedingungslose, von Leistung unabhängige Liebe zu vermitteln, ist gar nicht einfach. Der Psychologe Marshall B. Rosenberg und Entwickler der Gewaltfreien Kommunikation (GFK) schildert in *Kinder einfühlend ins Leben begleiten*«[2], wie er versuchte, seinem damals dreijährigen Sohn Brett seine bedingungslose Liebe zu kommunizieren. Rosenberg fragte seinen Sohn, ob er wisse, weshalb er, der Vater, ihn lieb habe. Sein Sohn antwortete: »Weil ich jetzt mein Töpfchen zum Klo bringe?« Als der Vater, traurig über die Antwort seines Sohnes, erwiderte: »Also, ich finde gut, was du tust, aber das ist nicht der Grund, warum ich dich lieb habe«, antwortete der Sohn: »Also, dann ist es, weil ich mein Essen nicht mehr auf den Boden schmeiße.« Wieder antwortete Rosenberg: »Also, auch hier schätze ich es, wenn du dein Essen auf deinem Teller belässt. Aber das ist nicht der Grund, warum ich dich lieb habe.« Schließlich teilte der Vater dem Sohn mit: »Also, ich habe dich einzig und allein deshalb lieb, weil du du bist!« Rosenberg beschreibt, wie sich das Gesicht seines Sohnes aufhellte und er in den folgenden zwei Tagen immer wieder zu seinem Vater gelaufen kam und zu ihm sagte: »Du hast mich einfach nur lieb, weil ich ich bin. Papa, du hast mich einfach lieb, weil ich ich bin.«

✳

Grenzen wir, durchaus ohne es zu bemerken, unsere Liebe und Anerkennung auf Leistung ein, die wir uns von unseren Kindern wünschen? Unsere Haltung wird sich in Gesprächen mit unseren Kindern widerspiegeln, und wir können überprüfen, ob wir ihnen offen begegnen und interessiert sind, an dem, was sie fühlen und denken, oder ob es in Gesprächen mit ihnen darum geht, unsere Etikettierung zu verfestigen und direkt oder indirekt unseren Wunsch nach der damit verbundenen Leistung zu übermitteln. Wie wir eine offene Gesprächshaltung etablieren können, wird im folgenden Kapitel über das aktive Zuhören erläutert.

Vor negativen Etiketten sollten wir Eltern uns hüten. Kinder durchlaufen Phasen und benötigen in unterschiedlichen Momenten unsere Hilfestellung. Es hilft niemandem, darauf festgelegt zu werden, was man nicht kann. Statt Etikettierungen zu verteilen, sollten wir unsere Kinder dabei unterstützen, an den Schwächen, die sie belasten, zu arbeiten (etwa an ihrer Angst, ihren Rechenfertigkeiten oder ihrer mangelnden Durchhaltekraft), und sie für ihre subjektiven Fortschritte loben. Mit einer negativen Etikettierung vergleiche ich mein Kind immer mit anderen. Komme ich dagegen von dieser Perspektive ab und versuche, es so zu akzeptieren, wie es ist, nämlich mit seinen Stärken und Schwächen, unterstütze ich seine Entwicklung. Diese offene und wertschätzende Haltung unserem Kind gegenüber braucht es, wenn wir wahrhaftige Gespräche mit ihnen führen wollen.

Hängen wir zu sehr an sehr generellen, allumfassenden Etikettierungen zur Persönlichkeit unseres Kindes, sind wir nicht offen und leiten es durch unsere vorgefertigte Meinung in bestimmte Richtungen. Natürlich müssen wir als Eltern Vorstellungen haben von dem, was wir für das Kind als gut und was wir als schlecht empfinden, und das sollten wir auch kommunizieren. Wir tun aber gut daran, Kindern nicht unsere Wünsche oder Einschätzungen überzustülpen – die Kunst ist hier, eine Meinung oder Einschätzung zu haben und trotzdem offen zu sein für das, was das Kind uns vermittelt, und auch entsprechend darauf einzugehen. Mit Etikettierungen beenden wir den Prozess der Kommunikation zwischen uns. Wir senden nur unsere Einschätzung, sind aber nicht auf Empfang hinsichtlich der Bedürfnisse des Kindes.

Nach Maria Montessori, der großen Pädagogin, ist die Aufgabe der Umgebung nicht, das Kind zu formen, sondern ihm zu erlauben, sich zu offenbaren. Wie kann es Eltern gelingen, ihr Kind dazu zu bringen, sich zu offenbaren – sich zu zeigen, wie es denkt und fühlt, was es mag, wodurch es belastet ist, wovon es träumt? Wie gelingt es, das Kind nicht zum Verstummen zu bringen?

# Aktives Zuhören

Wenn wir uns innige Gespräche mit unseren Kindern wünschen, möchten wir erfahren, was sie denken und wie sie sich fühlen. Unsere größte Angst ist, dass sie sich vor uns verschließen und wir nicht wissen, was in ihnen vorgeht. Schlimmer noch, dass sie vielleicht Sorgen oder Nöte haben, von denen wir nichts wissen, weil wir nicht an sie »rankommen«.

Der Psychologe Carl Rogers entwickelte die Technik des aktiven Zuhörens, eine Spezialform des Zuhörens, und setzte sie in der Gesprächspsychotherapie ein. Hierbei wird die Selbstakzeptanz des Klienten durch das akzeptierende und empathische Eingehen des Therapeuten verstärkt. Der Klient fühlt sich durch dieses Zuhören verstanden. Thomas Gordon, ebenfalls Psychologe, setzte die Technik des aktiven Zuhörens in der Elternarbeit ein und unterrichtete sie in Elternkursen. In seinem Buch »Familienkonferenz« geht er ausführlich auf diese Technik ein. Aktives Zuhören nach Gordon ermöglicht es Eltern, ihre Kinder dabei zu unterstützen, ihre Gedanken und Gefühle zum Ausdruck zu bringen. Beim passiven Zuhören schweigen wir und hören lediglich zu. Das kann, wenn unsere Körpersprache durch einen aufmerksamen Blick und anteilnehmendes Nicken Interesse signalisiert, vom Kind als Annahme aufgefasst werden.

Beim aktiven Zuhören schweigen wir nicht, wir versuchen zu

verstehen, was unser Kind empfindet und was seine Botschaft besagt. Wir fassen hierbei das, was wir verstanden haben, in unseren eigenen Worten zusammen und melden es dem Kind zurück. Hierbei geht es nicht nur um die Sachaussage, sondern auch um die hinter der Aussage stehenden Gefühle. Wir versuchen, den emotionalen Kern seiner Aussage zu verstehen, und melden dem Kind zurück, wie wir seine Botschaft verstanden haben. Hierzu bedarf es einer speziellen Haltung: Das Verständnis dessen, was unser Kind mit seiner Botschaft ausdrücken möchte, wird uns nur durch Feinfühligkeit und Empathie gelingen. Nur wenn wir uns wirklich in unser Kind hineinversetzen und die Welt aus seinen Augen betrachten, können wir wahrnehmen, was es empfindet. Wir müssen »zwischen den Worten« hören, um zu verstehen, was unser Kind fühlt und meint. Dazu bedarf es einer annehmenden Offenheit, wir müssen wirklich verstehen wollen, was unser Kind gerade versucht auszudrücken. Mit unserer Rückmeldung an das Kind halten wir unsere eigenen Anteile zurück und beschränken uns auf das von uns Verstandene. Wir fügen dem keine eigene Aussage hinzu, wie beispielsweise einen Ratschlag oder eine Bewertung. Mit unserer Rückmeldung wollen wir dem Kind zeigen, dass wir seine Empfindungen und Gedanken verstehen und dass es in diesem Moment nur um das, was es ausdrückt, geht – und nicht um das, was wir Eltern darüber denken. Dies befördert bei unserem Kind ein Gefühl des Angenommenseins. Durch unsere aktive Rückmeldung des von uns Verstandenen können wir überprüfen, ob wir die Bedeutung seiner Botschaft und die dahinterstehenden Empfindungen richtig erfasst haben – seine Reaktion darauf zeigt, ob wir es korrekt verstanden haben oder nicht.

Durch Einfühlung in das Kind und unsere nicht wertende Zusammenfassung des von uns Verstandenen laden wir es dazu ein, seine Gedanken und Gefühle im Gespräch mit uns weiter zu klären. So ermuntern wir es, eine eigene Lösung für ein mögliches Problem zu entwickeln.

✳

Die zehnjährige Eva berichtet zu Hause aufgebracht: »Ich hasse Anna, sie spielt nur noch mit Lisa und nie mehr mit mir.« Eltern sind dann oft schnell mit Antworten dabei wie:

✳ »Ach, Anna ist doch nicht das einzige Mädchen in deiner Klasse, suche dir eine andere Freundin.« – Es wird ein Ratschlag erteilt.

✳ »Mein Schatz, das sind Phasen, das geht vorbei – morgen sieht die Welt schon wieder ganz anders aus.« – Es wird versucht, das Problem zu minimieren.

✳ »Das erstaunt mich nicht, ich wusste schon immer, dass Anna keine richtige Freundin ist.« – Es wird bewertet.

Mit solchen Sätzen wollen Eltern der Tochter helfen, sie werden in guter Absicht geäußert. Wenn wir Erwachsenen so reagieren, gehen wir aber nicht auf die Befindlichkeit unseres Kindes ein. Im Gegenteil: Wir versuchen tatsächlich alles, um seine Befindlichkeit (Wut, Traurigkeit) zu verändern und aufzuhellen. Dazu geben wir Tipps oder Einschätzungen, von denen wir denken, dass sie nützlich sind. Das Ergebnis aber ist, dass das Kind sich nicht wirklich verstanden fühlt und auch nicht die Chance hat, eigene Lösungsstrategien zu entwickeln. Durch diese sehr lenkende Haltung verhindern wir ein Gespräch, in dem das Kind uns erzählt, wie es empfindet. Die Richtung, in die wir es führen, hat mehr mit uns und unseren Vorstellungen als mit denen des Kindes zu tun. Es ist schwierig für uns, Gefühle, die unsere Kinder belasten, auszuhalten. Deshalb sind wir schnell mit Ratschlägen oder Einschätzungen zur Hand, mit denen wir hoffen, unsere Kinder von ihren belastenden Gefühlen zu befreien. Wir überspringen hierbei jedoch eine entscheidende Gesprächsphase – die der Anerkennung der Gefühle unserer Kinder. Indem wir ihnen signalisieren: »Ich verstehe, was du fühlst, ich kann nachvollziehen, was du gerade durchmachst«, vermitteln wir ihnen Empathie und Akzeptanz. Erst dann fühlt sich unser Kind verstanden und angenommen. Dieses Gefühl ist die Grundlage dafür, dass es sich öffnet und von dem berichtet, was es belastet.

Beim aktiven Zuhören melden wir die Emotion des Kindes zurück, die wir herausgehört haben:

Eva: »Ich hasse Anna, sie spielt nur noch mit Lisa und nie mehr mit mir.«

Vater: »Du fühlst dich von Anna ausgegrenzt und alleingelassen, das macht dich wütend, richtig?«

Hier würde sich unsere Tochter in ihrer Emotionalität verstanden und akzeptiert fühlen. Der Dialog könnte sich konstruktiv weiterentwickeln:

Eva: »Ja, das ist so gemein, wenn Anna mich nicht beachtet, ich fühle mich dann wie Luft.«

Vater: »Du fühlst dich dann, als ob du gar nicht da wärest – und das, obwohl du eigentlich Annas Freundin bist.«

Eva: »Genau! Freundinnen sind doch dafür da, zusammenzuhalten. Wir haben immer so toll zusammen gespielt. Und jetzt ist diese doofe Lisa da, die mir meine Freundin wegnimmt.«

Vater: »Du bist traurig, weil nun Anna und Lisa zusammen spielen, und du denkst, dass deine Freundschaft mit Anna vorbei ist.«

Eva: »Ja ... Hm, vielleicht ist sie ja nicht vorbei. Vielleicht sollte ich versuchen, mit beiden zu spielen.«

In diesem Gesprächsverlauf gibt der Vater seiner Tochter durch aktives Zuhören die Möglichkeit, ihre Gedanken weiterzuführen und ihre Gefühle auszudrücken. Durch das väterliche Wiedergeben ihrer Gefühle fühlt sie sich verstanden und angenommen. Durch das Besprechen ihrer Gefühle und ihrer Gedanken mit ihrem Vater ist sie schlussendlich in der Lage, selbstständig eine Strategie zum Umgang mit der problematischen Situation zu entwickeln.

Beim aktiven Zuhören signalisieren wir unserem Kind, dass wir ihm zutrauen, eine eigene Lösung für die Situation zu entwickeln. Spiegelnde Sätze beginnen deshalb in der Regel mit »du«. Folgen wir unserem ersten Impuls, mit einem Ratschlag aufzuwarten, versteht unser Kind implizit, dass wir ihm keine Lösung zutrauen, und wir geben ihm durch diese Form des Gesprächs auch keinen Raum, diese Lösung selbstständig zu entwickeln – unsere Vorstellungen stehen dann im Vordergrund des Gesprächs.

Wie Gordon ausführt, kann das Kind in vielen Fällen durch aktives Zuhören tatsächlich eine eigene Lösung für sein Problem entwickeln. Manchmal hilft ihm auch das Gefühl der elterlichen Akzeptanz, eine Situation, die es nicht ändern kann, einfach anzunehmen. Manchmal entwickelt sich durch aktives Zuhören ein Gespräch, in dem unser Kind nach unserer Meinung fragt oder auch einen Vorschlag von uns akzeptieren kann. Manchmal endet ein Gespräch, das durch aktives Zuhören geführt wurde, ohne eine konkrete Lösung – unser Kind hatte aber die Gelegenheit, seine Gefühle auszudrücken, und fühlte sich von uns verstanden und angenommen. Manchmal entwickelt es dann zu einem späteren Zeitpunkt eine Lösung, oder die Gefühle lösen sich mit der Zeit auf, weil etwa die Umstände sich geändert haben.

∗

Am liebsten würden wir Eltern unseren Kindern die belastenden Gefühle und Enttäuschungen, die in jeder Kindheit vorkommen, abnehmen: Die Traurigkeit, die die Tochter empfindet, wenn ihre beste Freundin eine neue beste Freundin hat; die Enttäuschung, die der Sohn erlebt, wenn er nicht in die Fußballmannschaft aufgenommen wurde, von der er es sich so sehr wünschte; die Angst, die er empfindet, das erste Mal auf Klassenfahrt zu gehen, und, und, und ... So schwer es uns fällt, dies zu akzeptieren: Unsere Kinder sind eigenständige, von uns getrennte Wesen. Wir begleiten sie und unterstützen sie, aber wir sind nicht symbiotisch. Wir können ihnen ihre Gefühle nicht abnehmen und wir sollten ihnen auch nicht ständig Lösungen für schwierige Situationen anbieten. Durch aktives Zuhören unterstützen wir sie dabei, eigene Lösungen zu entwickeln. Langfristig stärkt dies ihr Selbstvertrauen, indem sie sich als selbstwirksam erleben.

Und auch wir Eltern erleben Entlastung, da wir durch die Gesprächsmöglichkeit, die wir durch aktives Zuhören schaffen, an dem Gefühlsleben unserer Kinder teilhaben.

Sich von seinen Eltern richtig verstanden zu fühlen, fördert ein Gefühl der Wärme und des Vertrauens. Wir wissen es von uns selbst: Fühlen wir uns von unserem Gesprächspartner verstanden, sind wir bereit, uns zu öffnen und auch zuzuhören; fühlen wir uns unverstanden, ziehen wir uns zurück und legen auch keinen Wert auf das, was der andere sagt – er versteht uns ja sowieso nicht ...

Bei einem Austausch zu Sachinformationen ist aktives Zuhören nicht sinnvoll. Wenn unser Kind sagt:»Kannst du mir sagen, wann die Sommerferien beginnen?«, ist es unnötig zu wiederholen:»Du möchtest also wissen, wann die Ferien beginnen.«

## Die eigene Gesprächshaltung überprüfen

### Manipulation

Thomas Gordon erläutert auch, welche Fehler wir beim aktiven Zuhören machen können. Aktives Zuhören als Mittel der Manipulation zu nutzen, ist einer davon. In diesem Sinn sollten wir aktives Zuhören nicht nutzen, um unsere Kinder mehr oder weniger subtil in eine Richtung zu lenken.

In dem bereits zuvor genannten Beispiel zwischen Vater und Tochter würde der Dialog dann etwa so verlaufen:

Eva: »Ich hasse Anna, sie spielt nur noch mit Lisa und nie mehr mit mir.«

Vater: »Du bist zurzeit wütend auf Anna, weil sie gerade mehr mit Lisa als mit dir spielt.« – Es wird eine Rückmeldung gegeben, die die Tochter in eine Richtung lenken will.

Eva: »Nein, das stimmt überhaupt nicht! Anna spielt nur noch mit Lisa und nie mehr mit mir. Ich will nichts mehr mit ihr zu tun haben.«

In diesem Fall versucht der Vater, das Problem seiner Tochter kleiner zu machen, als sie es empfindet (»zurzeit«, »spielt gerade mehr mit Lisa« statt »nur noch mit Lisa«), um sie dahin zu lenken, dass sie sich mit ihrer Freundin wieder vertragen soll. Anna fühlt sich unverstanden und macht dies mit ihrer Bemerkung klar. Würde der Vater das Gespräch weiter in die von ihm intendierte Richtung lenken, würde sich seine Tochter unverstanden fühlen:

Vater: »Ach komm, mein Schatz, ihr seid doch so gute Freundinnen. Geh doch noch mal auf Anna zu und lad sie nach Hause ein.«
Eva: »Du verstehst mich nicht – ich HASSE Anna.«

Durch die versuchte Manipulation, wenn sie auch gut gemeint wäre, hätte der Vater eine vertrauensvolle Fortsetzung des Gesprächs verspielt. Würde er mit seiner Tochter ein für sie hilfreiches Gespräch führen wollen, müsste er zunächst seine Lenkungsversuche im Gespräch wahrnehmen und seine eigene Haltung korrigieren.

## Falsch verstanden

Wie Thomas Gordon erläutert, kann es immer mal wieder passieren, dass wir die Botschaften unseres Kindes falsch verstehen. Auch dann läuft ein Gespräch schnell in die verkehrte Richtung. Aber wir merken es an der Reaktion unseres Kindes. Wenn der Vater mit aktivem Zuhören auf Eva eingehen würde und in einem erneuten Versuch auf die erste Widerspruchsreaktion (»Nein, das stimmt überhaupt nicht! Anna spielt nur noch mit Lisa und nie mehr mit mir.«) das von ihm Verstandene richtig wiedergäbe, würde sich die Tochter angenommen und eingeladen fühlen, weiter über ihre Empfindungen zu sprechen:

Eva: »Ich hasse Anna, sie spielt nur noch mit Lisa und nie mehr mit mir.«

Vater: »Du bist zurzeit wütend auf Anna, weil sie gerade mehr mit Lisa als mit dir spielt.«– Die Rückmeldung basiert auf einem falschen Verständnis.

Eva: »Nein, das stimmt überhaupt nicht! Anna spielt nur noch mit Lisa und nie mehr mit mir. Ich will nichts mehr mit ihr zu tun haben.« – Die Tochter widerspricht, stellt den Sachverhalt für sich noch mal richtig.

Vater: »Oh, du bist also richtig wütend auf sie?«– Aktives Zuhören ermöglicht eine empathische Rückmeldung.

Eva: »Ja, das ist so gemein, wenn Anna mich nicht beachtet, ich fühle mich dann wie Luft.«

Das Gespräch könnte nun, wie im ersten Beispiel erläutert, mithilfe von aktivem Zuhören weitergeführt werden.

## Nachplappern

Auch beim sogenannten »Nachplappern« der Botschaft eines Kindes wenden wir das aktive Zuhören nicht richtig an. Hier wiederholen wir lediglich, was unser Kind sagt, ohne die inneren Empfindungen des Kindes zu spiegeln:

Jan: »Schule ist so anstrengend und einengend. Ich wünschte, ich müsste nie mehr hingehen.«

Vater (Antwort 1 – Nachplappern): »Du findest die Schule sehr anstrengend und wünschst dir, nicht mehr hinzugehen.«

Vater (Antwort 2 – Spiegeln der verstandenen Empfindung des Sohnes): »Du bist sehr belastet durch die Schule und hast Sehnsucht nach mehr Freiheit.«

Durch das Spiegeln der Empfindung unterstützen wir die Selbstwahrnehmung unseres Kindes und bahnen – ohne Lenkungsversuche in eine bestimmte Richtung – möglicherweise sogar Lösungsideen im Kind oder Jugendlichen an. Es überlegt vielleicht selbst, wie es mit dem Stress oder Druck umgehen und Entlastung finden kann.

## Höre ich wirklich noch aktiv zu?

Es passiert Eltern in Gesprächen mit ihren Kindern immer mal wieder, dass ein zunächst offen begonnenes Gespräch plötzlich kippt. Was löst diesen Kippmoment aus? Thomas Gordon beschreibt, wie wir Eltern »die Tür öffnen können und sie dann zuschlagen«. Zunächst hören wir in solchen Fällen dem Kind aktiv zu und erfahren so, wie es ihm geht. Doch was das Kind sagt, gefällt uns nicht, wir sind damit nicht einverstanden. Oft, ohne es überhaupt zu bemerken, ändern wir unsere Gesprächshaltung und tun unsere Meinung kund, bewerten das Gesagte oder die Empfindungen des Kindes oder geben ungefragt unseren Rat dazu ab. Hier ein Beispiel:

Lena: »Der Turnwettkampf wird schwierig, ich weiß nicht, ob ich meine Bodenkür bis Sonntag richtig gut eingeübt habe.«
Mutter: »Der Wettkampf am Sonntag macht dir Angst, hm?« – Das aktive Zuhören ermöglicht die empathische Rückmeldung.
Lena: »Ja, ich habe echt Angst, dass ich richtig schlecht abschneiden werde.«
Mutter: »Na, komm, jetzt hast du dich angemeldet, jetzt musst du es auch durchziehen.«

In der letzten Antwort geht die Mutter nicht mehr durch aktives Zuhören auf die Empfindungen von Lena ein, sondern sagt ihr, was sie aus ihrer Sicht zu tun hat. Sie reagiert nicht einfühlsam, sondern präsentiert ihre Vorstellung davon, wie Lena mit der Situation umgehen sollte. Das ist es, was wir so häufig als unsere Erziehungsaufgabe verstehen: den Kindern zu sagen, wie sie sich in unterschiedlichen Situationen verhalten sollten. Wir unterstützen in diesen Fällen unsere Kinder, aber nicht dabei, Lösungen eigenständig zu entwickeln, von denen sie selbst überzeugt sind.

In ihren Gefühlen der Angst hat die Mutter Lena nicht ernst genommen, Lena hatte keine Möglichkeit, ihre Unsicherheiten weiter auszuführen und dann möglicherweise selbst eine Lösung zu entwickeln, wie sie mit der Situation umgehen sollte. Vielleicht hätte sie ihre Mutter, nachdem sie sich ihre Sorgen vom Herzen gesprochen hätte, nach einem Ratschlag gefragt. Ob ihr der gut gemeinte Ratschlag der Mutter zu diesem Zeitpunkt des Gesprächs geholfen hat, mit ihren Ängsten umzugehen, ist zu bezweifeln.

## Jugendliche wollen ernst genommen werden

Jugendliche, die sich von ihren Eltern und aus dem Familienleben zurückziehen und ein stark abweisendes Verhalten an den Tag legen, fühlen sich von ihren Eltern meist nicht verstanden. Sie sind in einem Alter, in dem es für sie um die Entwicklung von Selbstständigkeit und Abnabelung von den Eltern geht. Sie sind auf der Suche nach der Persönlichkeit, die sie sein wollen, sie sind in einem Suchprozess, der, erinnern wir uns an unsere eigene Jugendzeit, bisweilen sehr anstrengend und auch frustrierend sein kann.

Wenn wir als Eltern in dieser Phase auf unsere jugendlichen Kinder, durchaus aus Fürsorge, mit sehr festgelegten Standpunkten und wenig Offenheit auf ihre Meinungen reagieren, indem wir zum Beispiel sofort mit unseren Ratschlägen oder Bewertungen aufwarten, ziehen sie sich zurück. Sie möchten ihre eigenen Standpunkte entwickeln und benötigen dazu eine gewisse Offenheit unsrerseits. Wenn es uns gelingt, ihren Gedanken und Gefühlen durch aktives Zuhören und das Bekunden von Interesse und einer zugewandten Haltung zu begegnen, begünstigen wir die Möglichkeit, dass sie sich uns öffnen und von dem berichten, was sie bewegt.

Dies heißt nicht, dass wir unsere Standpunkte aufgeben müssen. Dies bedeutet jedoch, dass wir den Jugendlichen die Möglichkeit geben, sich auszudrücken und sich in ihren Haltungen zu erproben. Wir wiegeln ihre Meinung nicht von vornherein mit rollenden Augen ab, sondern wir zeigen uns ihrer Einstellung gegenüber respektvoll, indem wir ihr durch Zuhören und Anteilnahme offen begegnen.

Jugendliche sind in der Regel unsicher – sie befinden sich in einem Transformationsprozess vom Kind zum Erwachsenen, und sie sind weder das eine noch das andere. In dieser Phase der Unsicherheit, in der sie nicht mehr wie ein Kind behandelt werden möchten, hilft es ihnen, ernst genommen zu werden. Ihnen zuzuhören, bedeutet, sie ernst zu nehmen.

> **»**
>
> Meine Mutter behandelt mich einfach noch genauso wie meine kleinen Brüder. Ich habe nicht den Eindruck, dass sie meine Standpunkte ernst nimmt. Sie hört mich überhaupt nicht` – ist doch klar, dass ich dann einfach mache, was ich will. Wenn sie mir nicht zuhört, höre ich ihr auch nicht zu. **Tobias, 16 Jahre**
>
> **«**

Natürlich gelingt eine offene, geduldige und anteilnehmende Haltung, gerade mit Jugendlichen und ihrem zum Teil sehr herausfordernden, Grenzen austestenden Verhalten, nicht immer oder sogar nur selten. Tatsächlich bedeutet diese Form der Kommunikation von uns Eltern eine ziemliche Umstellung und erfordert viel Konzentration und Geduld, die wir nicht immer zur Verfügung haben.

Es fühlt sich auch zunächst sehr seltsam an, so zurückhaltend mit eigenen Meinungen und Tipps zu sein. Womöglich kommt man sich anfangs auch albern vor, Gesagtes in eigenen Worten zu wiederholen, da wir einfach nicht daran gewöhnt sind, dies zu tun. Ich kann nur empfehlen: Versuchen Sie es einfach! Die Ergebnisse sind oft beeindruckend. Es ist bereichernd zu erleben, wie viel Kinder und Jugendliche erzählen, wenn sie sich akzeptiert und ernst genommen fühlen.

Ich selbst war erstaunt, wie gut meine Kinder mit dieser Art zu kommunizieren umgegangen sind. Als ich anfing, bewusst diese Gesprächstechnik einzusetzen, erwartete ich, dass sie mich erstaunt ansehen und meinen Stil hinterfragen würden. Sie waren es gewohnt, dass ich Gespräche aktiv leitete. Keine meiner befürchteten Reaktionen trat ein. Es entwickelten sich gute Gespräche, in denen die Kinder von dem berichten konnten, was sie bewegte. Ich erinnere ein sehr schönes Gespräch mit meinem ältesten Sohn, als er etwa elf Jahre alt war. Er kam an einem Sonntagmorgen in mein Schlafzimmer, ich las Zeitung im Bett. Er setzte sich zu mir und sagte den Satz:

»Ich würde so gern in New York leben.« Ich bremste meinen ersten Impuls, sofort zu fragen, weshalb er das wollte, und meldete ihm zurück, was ich verstanden hatte: »Du hast Sehnsucht, nach New York zu ziehen?« Er bestätigte dies, und es entwickelte sich ein Gespräch, in dem er berichtete, was er an unserem Wohnort nicht mochte und was er sich von der großen Stadt erträumte.

Er sprach über sein Bedürfnis nach Abenteuern und wie beengt er sich in unserer Stadt fühlte. Die Großstadt symbolisierte etwas für ihn, was Teil seiner Persönlichkeit zu sein schien und was er bis dahin nicht ausleben konnte. Es war ein sehr interessantes Gespräch, in dem ich viel über ihn erfuhr. Und ich hielt mich akribisch daran, ihm genau zuzuhören und ihm seine Gefühle zu spiegeln. Ich gab keine Einschätzungen und keine Ratschläge und das Gespräch floss und entwickelte sich lebhaft über eine halbe Stunde lang! Ich war begeistert und beeindruckt.

Das Geheimnis war: Ich hatte mich zurückgenommen. Meine Aussagen dienten nur dazu, meinen Sohn darin zu unterstützen zu sprechen, worüber er sprechen wollte. Das Gespräch leitete er. Und das Interessante war: Nur ich hatte mich mit meiner Zurückhaltung seltsam und ungewohnt gefühlt. Ihn hatte sie nicht gestört, im Gegenteil, er hatte sich dadurch eingeladen gefühlt, von seiner Sehnsucht zu erzählen.

## Erfahren, was das Kind bewegt

Aktives Zuhören eignet sich besonders, wenn Kinder ausdrücken, dass sie Probleme haben. Aber auch wenn wir zunächst keine belastenden Gefühle oder ein Problem vermuten, kann aktives Zuhören unserem Kind Raum geben, darüber zu sprechen, was es bewegt. Häufig ist dies der Fall, wenn Kinder Wünsche äußern. Wenn die Tochter zum Beispiel erzählt, dass sie gern verreisen möchte:

Anne: »Ich würde gern mal nach Frankreich reisen.«

Wir könnten unsere spontane Einschätzung (zu weit, zu teuer, zu voll in den Sommermonaten) zurückhalten und ihr rückmelden, was wir verstanden haben.

Mutter: »Du hast Sehnsucht, nach Frankreich zu reisen?«

Anne: »Ja. Alexa und Kristina verreisen immer in andere Länder. Ich nicht. Ich möchte auch mal mitreden.«

Mutter: »Du fühlst dich ausgeschlossen, wenn deine Freundinnen über Urlaube reden.«

Anne: »Genau. Und in Frankreich waren beide noch nicht, da können sie dann mal nicht mitreden.«

Mutter: »Du bist sauer, dass du ausgeschlossen bist, und willst, dass sie sich auch mal so fühlen.«

Anne: »Stimmt. Aber eigentlich ist Frankreich doof – ich fahre ja viel lieber zu Oma aufs Land, da sind die Ponys, und ich kann reiten.«

Durch aktives Zuhören konnte die Mutter erfahren, was sich hinter dem Wunsch, nach Frankreich fahren zu wollen, für Gefühle versteckten. Und dadurch, dass ihre Tochter mit ihr darüber reden konnte, erkannte sie, dass sie gar nicht wirklich dorthin reisen wollte, sondern eigentlich lieber zu ihrer Großmutter aufs Land fuhr.

Nun verbergen sich nicht immer solche Motive hinter ausgesprochenen Wünschen, und es könnte sein, dass die Tochter zum Beispiel das französische Essen besonders mag oder dass sie üben möchte, Französisch zu sprechen. Aber auch diese Gründe hätte die Mutter nicht erfahren, wenn sie sich nicht zurückgenommen und gleich mit ihrer Meinung darauf reagiert hätte.

In dem Fall wäre das Gespräch wahrscheinlich so ähnlich verlaufen:

Anne:»Ich würde gern einmal nach Frankreich reisen.«

Mutter:»Das ist zu weit weg, das passt nicht, mein Schatz« – Die Mutter bewertet den von der Tochter formulierten Wunsch.

Anne:»So weit ist es nicht, der Flug nach Paris dauert noch nicht mal zwei Stunden.«

Mutter:»Mit vier Kindern ist es zu teuer zu fliegen, Anne, das weißt du.« – Die Mutter führt logische Argumente an.

Anne (seufzend):»Ja, klar, ich weiß schon, Mama.«

In diesem Fall hätte die Mutter den Gesprächsverlauf durch ihre Bemerkung auf die Durchführbarkeit der Reise gelenkt und ihre Tochter hätte nicht von ihren Gefühlen des Ausgeschlossenseins berichten können.

Das Rückmelden dessen, was wir von der Botschaft unseres Kindes verstanden haben, wirkt wie eine Einladung, weiter darüber zu erzählen, was es bewegt. Es wirkt auch einladender als ein »Warum?«, mit dem die Mutter auch auf den Satz:»Ich würde gern mal nach Frankreich reisen« hätte reagieren können – so wie die meisten von uns es wahrscheinlich viele Male am Tage tun, wenn wir etwas über die Motivationen unserer Kinder erfahren möchten. Ein »Warum?« drückt Interesse, aber nicht die Empathie aus, die unsere Rückmeldung des von uns Verstandenen vermittelt. Ein »Warum?« ist zielorientierter und weniger darauf ausgerichtet, unserem Kind auf einer emotionalen Ebene zu begegnen.

Nicht immer haben wir die Konzentration, die Geduld und die Zeit, aktives Zuhören einzusetzen. Das ist völlig normal und dann verlaufen Gespräche eben zweckorientierter. Aber je öfter wir unseren Kindern aktiv zuhören, desto selbstverständlicher binden wir diese förderliche Gesprächshaltung schließlich in unseren Austausch mit ihnen und unseren Alltag ein.

# Gespräche brauchen Raum und Zeit

## Gespräche in den Alltag einplanen

Manchmal sind wir in der Lage, spontan bedeutende Momente für einen intensiven Austausch mit unseren Kindern zu erkennen und uns darauf einzulassen. Das sind wunderschöne und unerwartete Momente, die uns bereichern. Solche Gelegenheiten sind jedoch eher die Ausnahme.

Möchten wir also durch Gespräche Verbindung und Nähe zu unseren Kindern schaffen, ist es sinnvoll, wenn wir entsprechend Zeit dafür einplanen. »Wie – Termine mit meinen Kindern machen?«, fragte mich einmal ein Vater völlig fassungslos. Ja, genau das! Wir sollten Termine mit unseren Kindern einplanen, und zwar nicht, um sie zum Sport zu fahren oder um mit ihnen zum Zahnarzt zu gehen, sondern, um uns mit ihnen auf eine bereichernde Art und Weise auszutauschen.

Das müssen gar nicht lange Zeitfenster sein, es reicht völlig, sich jeden Tag bewusst 15 Minuten für ein konzentriertes und inniges Gespräch Zeit zu nehmen, auf dem der Fokus ganz beim Kind liegt und Handy, wandernde Gedanken oder anderes nicht stören.

Selbstverständlich lassen Gespräche ohne Zeitbegrenzung mehr Entspannung zu und eventuell auch mehr Möglichkeiten für einen bereichernden Austausch. In einem vollgepackten Alltag ist dies jedoch oft einfach nicht machbar. Und dann ganz auf diese Momente zu verzichten, wäre bedauerlich.

Am einfachsten lassen sich diese Zeitfenster als tägliches Ritual praktizieren. Bei kleineren Kindern gibt es den Moment des Zubettbringens, der die Möglichkeit einer innigen, gemeinsamen Zeit birgt, in der man sich austauschen kann. Häufig bekommen Kinder gerade in dem Moment, wenn wir sie ins Bett bringen, einen »Mitteilungsanfall«. Das gemeinsame Beisammensein in ruhiger Atmosphäre, vielleicht auch der Wunsch, den Moment hinauszuzögern, an dem das Licht ausgemacht wird, bewirken oft, dass Kinder gerade dann anfangen zu erzählen: von einem Streit in der Kita oder einem besonderen Erlebnis an dem Tag. Eigentlich der optimale Zeitpunkt für ein Gespräch mit dem Kind! Oft ergreifen Mütter oder Väter diese Chance jedoch nicht – vielleicht weil sie selbst müde sind vom Tag und sich auf etwas Zeit für sich freuen oder weil sie noch Dinge im Kopf haben, die erledigt werden müssen, wenn das Kind schläft. In dieser Verfassung strahlen wir Eltern kaum Ruhe aus. Es bereichert alle, das Zubettgeh-Gespräch zu entdecken und zu ritualisieren. Können wir das Gesprächsangebot unseres Kindes annehmen, machen wir auch uns selbst eine Freude, denn es entsteht eine besondere Nähe. Natürlich kann man das Gespräch nicht endlos führen. Damit sich das Einschlafritual nicht zu lang in den Abend zieht, ist es sinnvoll, genügend Zeit dafür einzuplanen und etwas früher damit zu beginnen. So vermeiden wir, unser Kind »abzuwürgen«, weil wir seine Schlafenszeit einhalten wollen.

Bringt man die Kinder nicht mehr ins Bett, kann man andere Momente im Tagesablauf finden, die sich als »Inseln« eignen, um konzentrierte Gespräche mit seinen Kindern zu führen – dies ist von Familie zu Familie unterschiedlich und hängt von Arbeitszeiten, Kindergarten- oder Schulzeiten und dem gesamten Familienalltag ab. Meist eignet sich jedoch die Zeit abends vor dem Schlafen, da dann etwas Ruhe in den Familienalltag einkehrt und die Ablenkungen des Tages in den Hintergrund treten. Manchmal eignet sich auch die Zeit vor dem Frühstück, wenn alles noch ruhig ist und der Tag gerade erst begonnen hat.

Beatrice, die Mutter des quirligen vierjährigen Noah, der viel redete und viel Aufmerksamkeit von ihr einforderte, und des zehnjährigen introvertierten Alexander, hatte das Gefühl, dass sie ihrem älteren Sohn nicht gerecht wurde und zu wenig mit ihm sprach. Die Abende waren für Gespräche mit ihm nicht geeignet, da es so lang dauerte, bis sie den jüngeren Sohn zu Bett gebracht hatte. Danach war sie froh, wenn ihr Großer, relativ unkompliziert, allein schlafen ging. Sie entschied sich deshalb, zwei Mal die Woche morgens ihren Wecker 20 Minuten früher als notwendig zu stellen und mit einem Becher warmer Milch zu einer »Plauderstunde« an das Bett ihres Zehnjährigen zu kommen. Auch wenn beide keine geborenen Frühaufsteher waren, genossen sie beide dieses frühe morgendliche Beisammensein. Alexander tat die Extraaufmerksamkeit sichtlich gut, auch wenn er sie gar nicht eingefordert hatte. Es war eine Zeit, die die beiden nur für sich allein hatten und in der die Mutter das Gefühl hatte, endlich einmal wieder etwas davon zu erfahren, was in ihrem Sohn vorging.

Manche, gerade zurückhaltende Kinder brauchen mehr Aufmerksamkeit und Ruhe, um zum Sprechen zu kommen – und da muss man manchmal erfindungsreich sein, um im trubeligen Alltag die passenden Gesprächsmöglichkeiten zu schaffen.

Natürlich muss auch das Kind offen und bereit für ein Gespräch sein. Passt es mir gut in meinen Tagesablauf und habe ich mir überlegt, dass es schön wäre, den freien Nachmittag für einen Spaziergang und ein entspanntes Gespräch mit meinem elfjährigen Sohn zu nutzen, so kann es sein, dass er gerade lieber sein Lego-Technic zu Ende bauen möchte. Ihn von diesem Plan abzubringen, kann gelingen, muss aber nicht. Gespräche entwickeln sich nur auf der Basis von Freiwilligkeit, deshalb ist es manchmal besser, gemeinsame Gesprächszeiten zu verschieben auf Momente, in denen auch unsere Kinder wirklich dazu motiviert sind.

Besonders Jungs animiert eine Zweiersituation, in der man sich gegenübersitzt, eher selten zu einem Gespräch. Der Pädagoge Reinhard Winter schreibt in seinem Buch *Jungen. Eine Gebrauchsanweisung* dazu: »Und wenn es mit dem Einfach-so-Reden mit dem Jungen nicht klappen will, versuchen Sie es mal, während Sie mit dem Jungen etwas tun oder hinterher. Gerade das gemeinsame Handeln erleichtert es vielen Jungen, in den Redefluss zu kommen.«[3] An Wochenenden oder Feiertagen, wenn gemeinsame Familienaktivitäten auf dem Plan stehen, bieten sich gute Gelegenheiten für Gespräche mit Kindern, etwa beim Spaziergang, auf der Radtour, beim Basteln oder dem gemeinsamen Kochen.

# Die Atmosphäre für gute Gespräche schaffen

Wir schaffen eine Gesprächsstimmung durch die Art, wie wir kommunizieren – durch unseren Ton, unsere Stimme, unseren Blick, unsere Körperhaltung, unsere Gestik, unser Zuhören und die Formulierungen, die wir wählen. Diese Faktoren sind an unsere Person geknüpft. Doch auch Umgebungsfaktoren können einen Einfluss auf den Verlauf eines Gesprächs haben.

Gute Gespräche können in jeder Umgebung gelingen, egal, wo wir uns befinden. Wenn beide Seiten sich auf ein Gespräch einlassen mögen, dann können wir auch in einem zugigen S-Bahnhof ein wunderbares Gespräch führen.

Wenn wir unser Gespräch jedoch einplanen, beispielsweise als tägliches Ritual vor dem Schlafengehen, können wir die Atmosphäre etwas verzaubern. Wir können eine Duftkerze oder Teelichter entzünden, wir können leise Hintergrundmusik anmachen, wir können einen aromatischen Gute-Nacht-Tee kochen, oder wir können uns mit unserem Kind in eine besonders weiche Kuscheldecke kuscheln, die wir nur für diesen Moment reservieren. Dadurch unterstreichen wir das Besondere dieser Situation und zeigen unserem Kind durch unsere Mühe, sie schön zu gestalten, wie wichtig sie uns ist. Indem wir Angenehmes für unsere Sinne bereiten, schaffen wir eine Atmosphäre, in der ein inniger Austausch befördert wird.

Kinder, insbesondere kleinere Kinder, lieben Rituale, genauso sehr aber lieben sie es, wenn der Alltag hin und wieder durchbrochen wird und etwas Ungewohntes passiert. Manchmal können wir nicht alltägliche, spezielle Momente kreieren und somit für eine besondere Atmosphäre sorgen, die Gespräche entstehen lässt:

Wir können ein Picknick vorbereiten und es uns mit unserem Kind auf der Decke gemütlich machen; wir können Kissen an einen besonderen Ort in den Garten oder in den Park legen, an dem wir sonst nicht sitzen; und uns dort mit unserem Kind hinsetzen; wir können mit unserem Kind eine Höhle bauen und dann dort mit ihm »einziehen«.

Es gibt viele Möglichkeiten, den Alltag durch besondere Momente zu verzaubern. Mehr als nur durch die Gestaltung einer äußeren Situation, wie das Bauen einer Höhle oder das Bereiten einer Picknicksituation, spüren Kinder in solchen Momenten, dass wir eine besondere Energie in unser Zusammenleben bringen. Auf diese Weise erleben sie, es geht um sie und unsere Nähe zu ihnen. Dies zu spüren, tut Kindern gut. Wenn wir uns mithilfe einer besonderen Umgebung und Atmosphäre ganz auf unser Kind einlassen, stehen die Chancen gut, dass auch ein besonderes Gespräch entsteht, in dem wir uns ein bisschen aus dem Alltäglichen hinausbewegen. Solche verzauberten Momente eignen sich auch, um spielerisch Fragen aus dem dritten Teil des Buches zu besprechen.

## Eine Gesprächskultur schaffen

Seit einigen Jahren sieht man, wenn Familien miteinander essen gehen, häufig folgende Szenen in Restaurants: Erwachsene sitzen mit Kindern am Tisch, die Erwachsenen unterhalten sich miteinander und die Kinder sind vor elektronischen Geräten geparkt –

einem Smartphone, I-Pad oder einer Spielekonsole. Schon kleinste Kinder in Hochstühlen werden bei Tisch mit elektronischen Geräten versorgt. Die Eltern haben so garantiert ihre Ruhe, denn elektronische Geräte üben bei nahezu allen Kindern eine Faszination aus und beschäftigen sie. Das ist natürlich für das Gespräch unter Erwachsenen ein riesiger Vorteil. Dennoch stellen diese Situationen für die Möglichkeit, Nähe zu unseren Kindern aufzubauen, verpasste Chancen dar.

Dabei ist ein gemeinsames Essen, bei dem die Familie miteinander am Tisch sitzt, immer noch die einfachste Möglichkeit, sich regelmäßig und ungezwungen mit den anderen Familienmitgliedern in Ruhe auszutauschen. Geht man in einem Restaurant essen, kann es noch entspannter sein als zu Hause: kein Kochen, kein Tischdecken muss erledigt werden. Diese gemeinsame Zeit mit den Kindern zu genießen und für gute Gespräche zu öffnen, macht Freude und verbindet.

Wenn Kinder schon ab frühestem Alter bei gemeinsamen Essen vor elektronische Geräte gesetzt werden, wird ihnen damit signalisiert:»An deinem Beitrag sind wir nicht interessiert, lass uns in Ruhe.«

Natürlich gibt es auch Situationen, in denen unser Kind mit am Tisch sitzt, wir uns aber beispielsweise mit einer Freundin getroffen haben und uns mit ihr unterhalten möchten. Also erlauben wir unserem Kind, ein Spiel auf unserem Handy zu spielen. Das ist Pragmatismus, mithilfe dessen wir eine Lösung finden auf die Frage: Wie verbinde ich Zeit für mich mit der notwendigen Betreuung des Kindes? Die Idee dieses Treffens war nicht ein gemeinsames Essen mit der Tochter oder dem Sohn. In diesem Fall ist das Spielen auf dem Handy eine Notlösung, die hilft, im Beisein des Kindes im öffentlichen Raum, etwa in einem Café oder Restaurant, ein »Erwachsenengespräch« zu führen. Und dies ist hin und wieder durchaus legitim.

Insgesamt jedoch verändert sich die Gesprächskultur durch Nutzung von elektronischen Medien zunehmend. Was vor einigen Jahren noch undenkbar gewesen wäre, ist heute an der Tagesordnung: Mitten im Gespräch wenden Gesprächspartner sich ab und checken ihre sozialen Medien, oder sie steigen abrupt aus dem Gespräch aus, um ein Selfie von sich zu machen, was sie im Anschluss direkt posten. Die jüngere Generation empfindet dieses Gesprächsverhalten tendenziell als normal, viele der über 40-Jährigen empfinden es eher als ungewöhnlich und bisweilen unhöflich. Unhöflich oder nicht, darüber kann man debattieren. Tatsache aber ist, dass diese kurzlebige, sprunghaft unterbrochene Kommunikation keinen Raum für tiefer gehende Gespräche lässt. In dieser Form des Kommunizierens gibt es kein wirkliches Einlassen und keinen Fokus auf das Gegenüber. Man ist sehr mit sich und seiner Darstellung beschäftigt, ein Interesse am anderen ist kaum gegeben, ein Einfühlen in den Gesprächspartner ist hier nicht möglich. Diese Form der Kommunikation, die unter Jugendlichen und jungen Erwachsenen immer normaler wird, mag in bestimmten Konstellationen ihren Stellenwert haben. Für die Gestaltung der Beziehung von Eltern und Kind, von der wir uns Wärme, Nähe und Tiefe wünschen, ist sie sicher nicht geeignet. Für unsere Kinder ist es entsprechend wünschenswert, wenn sie lernen, dass es tiefer gehende Gespräche geben kann, wenn man sie gestaltet und sich darauf einlässt.

Eine Gesprächskultur wird aktiv kreiert und von Eltern vorgelebt. Ich besprach mich einmal mit der Mutter eines depressiven Jungen und fragte sie, wie denn die gemeinsamen Mahlzeiten der Familie aussehen würden. Da berichtete sie, dass es keine gemeinsamen Mahlzeiten gebe: Morgens würde jedes Familienmitglied allein frühstücken, weil alle zu unterschiedlichen Zeiten aus dem Haus müssten, mittags seien alle entweder am Arbeitsplatz oder in der Schule, und abends würde ein Elternteil allein im Wohnzimmer vor dem Fernseher essen, das andere Elternteil würde dann noch arbeiten, und der Sohn würde auch allein vor seinem eigenen Fernseher in seinem Zimmer essen. Das klang wirklich sehr traurig! Unterhaltung fand passiv durch den Fernseher statt, und es gab in dieser Familie fast keine Möglichkeit für einen Austausch und Gespräche, die über das Organisatorische hinausgingen.

Unsere Sprache konstituiert uns als soziales Wesen. Diese sollte gefördert werden, Kinder sollten lernen, sich auszudrücken, und lernen, welche Freude es bringt, sich mit anderen Menschen in den Austausch zu begeben. Das macht uns Menschen aus: Dass wir sprechen und dass wir durch unsere Sprache zu sozialen Wesen unserer Gesellschaft werden. Wir Eltern können die Atmosphäre für einen guten Austausch kreieren. Gemeinsame Mahlzeiten bieten sich dafür an, denn sie schaffen Raum für Gespräche – man sitzt gemeinsam zusammen, genießt zusammen eine Mahlzeit, und etwas Ruhe kehrt in den Alltag ein.

Der dänische Familientherapeut Jesper Juul hat sich in seinem Buch *Essen kommen* mit vielen Facetten gemeinsamer Mahlzeiten am Familientisch beschäftigt. Er schreibt: »Erzählen erfordert Zeit und Aufmerksamkeit, die sicher nicht bei jedem Familienessen zur Verfügung stehen, doch Familien, die eine lebendige Erzählkultur zulassen, werden immer wieder davon profitieren.«[4]

> »
>
> Ich koche jeden Abend und tue es gern.
> Jeder freut sich über ein warmes, selbst gekochtes
> Essen. Für mich ist es aber ehrlich gesagt
> nur der Vorwand, meine Familie gemeinsam an
> den Tisch zu bekommen und miteinander
> Gespräche zu führen. Essenszeit ist Redezeit,
> da erfahre ich etwas von meiner Familie,
> und das ist mir wichtig. **Ricarda, Mutter von 4 Kindern**
>
> «

Damit sich während der gemeinsamen Mahlzeiten tatsächlich Gespräche entwickeln können, ist es sinnvoll, Unterbrechungen zu vermeiden. Auch wenn es uns noch so schwerfällt, für diese Zeit des gemeinsamen Austauschs sollten wir das Handy beiseitelegen und keine Anrufe entgegennehmen und auch keine E-Mails oder SMS checken. Am besten wir und alle anderen Familienmitglieder legen das Handy weit entfernt vom Esstisch ab. In wichtigen Arbeitsgesprächen stellen wir unsere Handys auch auf Lautlos, um uns nicht ablenken zu lassen und unserem Gesprächspartner den entsprechenden Respekt entgegenzubringen. Auch dies ist eine Frage der Priorisierung, ob uns die Familienzeit ebenso wichtig ist wie ein Arbeitstermin.

Auch ein während des Essens laufender Fernseher verhindert den Austausch miteinander. Konzentrieren wir uns – neben dem

Essen – auf unser Gespräch miteinander, verleihen wir diesem eine Bedeutung und geben uns die Chance auf eine intensive Kommunikation. Dies fördert die Gesprächskultur in der Familie. Ebenso förderlich ist es, diese Momente des Austauschs, das gemeinsame Essen, schön zu gestalten: den Tisch hübsch zu decken, Kerzen anzuzünden, etwas, vielleicht sogar gemeinsam, zu kochen. Dies bildet einen liebevoll gestalteten Rahmen für Familienzeit, in der alle sich wohlfühlen und Kinder lernen, dass ein Gespräch etwas Lustvolles und Wichtiges ist und dass ihr Beitrag dazu wertvoll und erwünscht ist.

# Wenn Eltern zugewandt kommunizieren, lernt das Kind es auch

Wir erziehen unsere Kinder und bringen ihnen aktiv bei, wie sie kommunizieren sollen: Wir erklären ihnen die Bedeutung von Höflichkeit und Zuwendung:»Grüße andere freundlich«,»Schau die Leute an, wenn du mit ihnen sprichst«,»Sprich deutlich«, »Hör zu, wenn jemand mit dir redet« und so weiter und so weiter. Unabhängig von unseren aktiven Erziehungsbestrebungen wirken wir Eltern, wie in allen anderen Erziehungssituationen, stark durch unser Verhalten. Dieses hat sogar einen größeren Einfluss als jede Kommunikationsregel, die wir unserem Kind oder unseren Kindern verbal mitgeben. Beobachten Kinder, wie wir Eltern freundlich auf andere Menschen zugehen, sie begrüßen und uns ihnen vorstellen, wirkt das deutlich effektiver, als es ihnen mit Worten zu erklären, denn wir fungieren als Modell, an dem sie sich»abgucken« können, wie man fremde Menschen begrüßt.

Stimmen unsere Regeln, die wir unseren Kindern erklären, mit unserem Verhalten überein, ist das ideal. Bringen wir unseren Kindern Regeln nahe, die wir selbst nicht beherzigen, werden sie die Tendenz haben, unser Verhalten zu kopieren.

Ina, eine junge Mutter, gab sich viel Mühe, ihrem vierjährigen Sohn Steffen höfliches und freundliches Kommunizieren beizubringen. Sie wunderte sich, warum er sich trotz ihrer Bemühungen, regelmäßig verbal aggressiv und ausfallend verhielt. Er beschimpfte nicht nur seine Mutter und die kleine Schwester, sondern auch Kinder aus seiner Kindergartengruppe, weshalb die Erzieherin die Mutter auch schon zum Gespräch einbestellt hatte. Die junge Frau war zart, zurückhaltend und hatte ein höfliches Auftreten. Nach einigem Hinterfragen der Situation erzählte sie, dass ihr manchmal abends nach einem anstrengenden Arbeitstag, wenn sie ihren Sohn ins Bett bringen wollte und er sich nicht so benahm, wie sie es wollte, »der Faden riss«. Dann schrie sie ihn an und beschimpfte ihn. Sie entschuldigte sich immer schnell danach und deshalb maß sie diesen Situationen nicht viel Bedeutung bei. Ihr Sohn griff jedoch unmittelbar ihr Verhalten als Vorbild auf und kopierte ihre aggressive Art zu kommunizieren. Das Bewusstsein für die Bedeutung der Vorbildfunktion ihres Verhaltens ermöglichte ihr, sich später in diesen Situationen der Überforderung anders zu verhalten. Sie erlernte Strategien, mit ihrer eigenen Frustration anders umzugehen, und war in der Lage, ihr aggressives Kommunizieren besser zu kontrollieren.

Gabriele ärgerte sich, dass ihre neunjährige Tochter Nele nie »hören« würde. Beobachtete man die Mutter im Umgang mit ihrer Tochter, wurde offensichtlich, wie wenig Fokus sie auf ihr Kind hatte. Als sie in einer Gruppe von Müttern mit Kindern, die sich im Park getroffen hatten, saß, näherte sich ein Hund ihrer Tochter. Gabriele rief vage in Neles Richtung und ohne Blickkontakt mit der Tochter zu suchen: »Nele, komm mal her!« Die Mutter war viel zu sehr in ein temperamentvolles Gespräch mit zwei anderen Frauen eingebunden und wollte nichts verpassen.

Nele reagierte auf das Rufen nicht – warum sollte sie auch die Worte ihrer Mutter ernst nehmen, wenn diese kaum das Gespräch mit ihren Freundinnen unterbrach. Sie fühlte sich einfach nicht angesprochen. Nach einiger Zeit fiel der Mutter auf, dass ihre Tochter nicht zu ihr gekommen war, nun rief sie wütend nach ihr. Es ging jetzt nicht mehr um den Hund, der mit seinem Herrchen längst weitergetrottet war. Die Tochter jedoch antwortete im gleichen unangemessenen Ton: »Mama, lass mich!« – und kam immer noch nicht. Gabriele, die sicher eine Eskalation vermeiden wollte, runzelte die Stirn und gab auf.

Kinder lernen schnell, und die Grundlagen der Kommunikation vermitteln die Eltern. Wir haben also die Möglichkeit, ihnen die Umgangsformen und Sprechweisen, die wir uns von ihnen wünschen, als lebendiges Modell vorzuleben. Möchten wir, dass sie freundlich kommunizieren, zeigen wir ihnen, wie man höflich formuliert, nachfragt, Blickkontakt herstellt und auf den anderen eingeht. Wünschen wir uns lebhafte Diskussionen mit ihnen, können wir ihnen vorleben, wie man spannende Themen setzt, wie man Standpunkte benennt und vertritt, wie man anderen Raum lässt, darauf zu reagieren, und sich angeregt darüber austauscht.

Möchten wir, wie eigentlich alle Eltern, dass sie auf unsere Botschaften reagieren, so wie in dem oben genannten Beispiel, sollten wir ihnen den Fokus, den wir von ihnen erwarten, vorleben:

Wir sollten sie ansehen, wenn wir mit ihnen sprechen, Blickkontakt ist zwingend für eine gelungene Kommunikation. Nur durch den Blickkontakt, den wir herstellen, ist die Grundlage für einen einander zugewandten Austausch gelegt. Unser Kind fühlt sich von uns gesehen und wir uns von ihm. Auch ist es wichtig, prompt nachzuhaken, wenn Töchter oder Söhne nicht reagieren. Reagiert unser Kind nicht auf unsere Ansprache und wir »lassen es laufen«, lernt es, dass dies in Ordnung ist. Dann dürfen wir nicht verärgert sein, wenn es das in Zukunft wieder so macht. Wenn wir direkt nachhaken und somit vermitteln, dass wir eine Reaktion auf unsere Kommunikation erwarten, lernt das Kind die Grundregeln der Kommunikation – der Sender sendet, der Empfänger empfängt und reagiert auf die Botschaft des Senders.

Indem wir andere Tätigkeiten unterbrechen, wenn wir uns ihm zuwenden, und es ansehen, spürt es unseren Fokus. Nur so signalisieren wir unserem Kind, dass wir nicht »nebenbei« kommunizieren, sondern uns die Botschaft wichtig ist und wir eine Antwort oder Reaktion erwarten.

Wünschen wir uns Gespräche mit unseren Kindern, in denen ein wahrhaftiger Austausch stattfindet, können wir ihnen vorleben, was man dazu beitragen kann:

Blickkontakt aufnehmen, uns dem Gegenüber zuwenden, gut zuhören, einfühlsam auf den Gesprächspartner eingehen und rückmelden, was wir verstanden haben.

Interessanterweise beobachtet man häufig Ähnlichkeiten zwischen der Art und Weise, wie Kinder sprechen, und der, wie ihre Eltern sprechen. Das kann sich im Tonfall, der Sprachmelodie bis hin zu Formulierungen und dem Temperament, mit dem etwas vorgetragen wird, widerspiegeln. Kinder orientieren sich an ihren Eltern, auch in der Art und Weise, wie sie kommunizieren, und greifen bewusst oder unbewusst das auf, was sie bei ihren Eltern beobachten.

## Persönliches über sich offenbaren – Gutes und manchmal auch Trauriges

Wir Eltern sind häufig zurückhaltend, über uns selbst zu berichten. Sehr sind wir darauf bedacht, für das Wohl unseres Kindes zu sorgen, und spalten deshalb häufig unsere Elternrolle von unserer restlichen Persönlichkeit ab. Aber auch als Eltern sind wir fühlende, denkende und erlebende Menschen, und wenn wir unsere Kinder daran teilhaben lassen, geben wir etwas von unserer Persönlichkeit preis, was Nähe schafft. Selbstverständlich sollte dieses Preisgeben nur Aspekte betreffen, die den Schutz der Kindesposition wahrt, das heißt, wir sollten Kinder nicht als Vertraute nutzen, denen wir beispielsweise Beziehungsprobleme oder andere Schwierigkeiten mitteilen, die nicht in ihre Zuständigkeit fallen. Werden Kinder als Gesprächspartner in Angelegenheiten genutzt, die sie überfordern, kann es bei ihnen zu Schuldgefühlen, Ängstlichkeit oder Traurigkeit kommen, die zu emotionalen Auffälligkeiten führen können.

Geben wir jedoch für das Kind Angemessenes von uns preis, so öffnen wir uns und gehen in Verbindung.

Eine schöne Möglichkeit für Eltern, Persönliches über sich zu berichten, beschreibt Rita Steininger in ihrem Buch *Eltern lösen Konflikte*. Unseren Kindern aus unserer eigenen Kindheit zu erzählen, sorgt bei ihnen meist für großes Interesse. Das lässt sich zwar nicht auf Kommando abrufen, manchmal ergibt es sich aber, so Steininger:

»Mit Kindheitserinnerungen ist es wie mit allen anderen Erinnerungen, sie stellen sich nicht auf Knopfdruck ein. Im Gegenteil, je mehr man sich anstrengt, umso weniger kommt dabei heraus. Dann wieder gibt es Momente, in denen Geschichten von früher plötzlich von selbst aus der Versenkung auftauchen. Etwa, wenn das eigene Kind in eine Situation gerät, in der man selber schon war. Diese Augenblicke bieten eine wunderbare Möglichkeit, mit dem Nachwuchs auf ganz neue Weise ins Gespräch zu kommen. Kinder sind von solchen Geschichten fasziniert und können gar nicht genug davon bekommen.«[5]

Je jünger Kinder sind, desto unglaublicher ist es für sie, dass ihre Eltern auch einmal Kinder waren. Erstaunlich finden sie es oft auch, dass wir als Kinder in ähnlichen Situationen waren, wie sie es heute sind: dass wir uns auch einmal das Bein gebrochen hatten, ins Krankenhaus mussten und es dort so grauenvoll fanden wie sie selbst auch; dass uns unsere beste Freundin auch einmal gesagt hat, dass wir nicht mehr ihre beste Freundin sind, und wir dachten, wir würden nie mehr eine neue Freundin finden; dass unser Meerschweinchen auch eines Tages tot im Käfig lag und wir tagelang immer wieder weinen mussten, genau wie sie auch, als der geliebte Hase starb. Wie wir uns in diesen typischen Kindheitssituationen gefühlt haben, wie wir damit umgegangen sind, wie unsere Eltern, Geschwister und Freunde darauf reagierten, all das sind spannende Geschichten für unsere Kinder.

Wie unüblich es für Eltern ist, Persönliches über sich zu offenbaren, stelle ich häufig in Gesprächen mit Kindern fest. Nur wenige Kinder wissen viel über den Werdegang und die Persönlichkeit ihrer Eltern zu berichten – es sind halt ihre Eltern, die auf sie aufpassen und die für sie da sind.

So sehr wir uns wünschen, unsere Kinder nicht mit unseren belastenden Themen konfrontieren zu müssen, so gibt es jedoch manchmal Situationen, in denen es besser ist, mit Kindern über schwierige Themen zu sprechen, nämlich dann, wenn Belastendes in einer Familie präsent und für die Kinder erlebbar ist. Wird dennoch nicht darüber gesprochen, kann dies für die Kinder sehr beängstigend sein.

Die 13-jährige Clarissa, ein ängstliches Mädchen, beobachtete, dass ihre Mutter oft weinte. Was mit ihr in solchen Momenten los war, hatte die Mutter nie versucht, ihrem Kind zu erklären, und die Tochter hatte nie gewagt zu fragen. Clarissa wusste nicht, dass ihre Mutter Angst hatte, sie mit ihren depressiven Gefühlen zu überfordern. Die Tochter wiederum befragte ihre Mutter nicht zu den Gründen ihres Weinens, da sie Angst hatte vor dem, was die Mutter erzählen würde. In solch einer Situation, in der Belastendes offensichtlich ist, empfiehlt es sich, altersangemessen mit dem Kind über die schwierigen Gefühle, die nun mal präsent sind, zu sprechen. In diesem Fall durchlebte die Mutter nach einer schwierigen Trennung eine Depression und wusste nicht, wie sie es der Tochter erklären und wie viel sie ihr erzählen sollte. Für ein Kind ist es in solchen Situationen sehr hilfreich, wenn die Mutter oder der Vater es in begrenztem Rahmen über die Problematik informieren – Kinder dürfen jedoch nicht das Gefühl bekommen, verantwortlich zu sein. Sie zu informieren, wird heilsamer sein, als sie im Unklaren über die belastenden Gefühle zu lassen. In ihrer Unwissenheit hatte sich Clarissa alle möglichen Gründe für die Tränen ihrer Mutter überlegt, auch, dass sie vielleicht daran schuld sein könnte. Als sie in altersangemessenem Umfang über die Depression ihrer Mutter erfuhr und auch, dass sie eine Therapie machte, um mit ihrer Situation besser zurechtzukommen, war sie regelrecht erleichtert. Natürlich machte das die Traurigkeit ihrer Mutter nicht besser, aber sie konnte mit diesen Situationen, die sie nun als typisch für die Depression einordnen konnte, besser umgehen. In solchen Fällen der Überforderung kann es für Eltern hilfreich sein, sich durch einen Therapeuten Rat zu holen. Mit ihm kann man dann beraten, was und in welcher Art mit dem Kind am besten kommuniziert wird.[6]

Wie bei allen zwischenmenschlichen Beziehungen: Je mehr die Kinder über ihre Eltern wissen, desto mehr können sie sich in sie einfühlen. Kenntnis über den anderen fördert Verständnis.

Die 100 Fragen im dritten Teil dieses Buches zeigen nicht nur einen Weg, etwas über die Ideen und Träume eines Kindes zu erfahren, sondern auch, wie man dem Kind etwas von den eigenen Ideen vermitteln kann. Wenn Sie spüren, Ihr Kind hat seine Gedanken zu einer Frage ausgeführt, und Sie selbst haben auch Lust, von Ihren Gedanken zu berichten – erzählen Sie von sich. Sagen Sie, wo Sie hinfliegen würden, wenn Sie fliegen könnten und weshalb, berichten Sie, was Sie mit Superkräften machen würden.

Etwas vom anderen zu erfahren, schafft Nähe. Das gilt in beide Richtungen: Es ist bereichernd für uns Eltern, von den Vorstellungen des Kindes zu erfahren. Genauso schön ist es für ein Kind, mehr von Mutter und Vater zu erfahren und die Eltern so noch ein Stückchen besser kennenzulernen.

Auch über die Lebenswege der eigenen Eltern zu erfahren, ist bereichernd. In Gesprächen mit Freunden oder Bekannten stelle ich immer wieder fest, dass viele Erwachsene nicht viel über ihre Eltern aus deren »Vor-Eltern«-Zeit wissen. Häufig bedauern sie dies, wenn es zu spät ist, ihre Eltern verstorben sind und sie sie nicht mehr zu ihrer Vergangenheit befragen können. Eltern definieren sich ihrem Kind gegenüber immer als Vater oder Mutter, und Eltern kümmern sich nun mal um ihre Kinder und stellen nicht ihre Biografie oder ihre Erlebnisse in den Vordergrund. Es gibt so häufig eine elterliche Zurückhaltung, den Kindern über die eigene Vergangenheit zu erzählen. Das ist bedauerlich, denn was ist denn spannender, als für ein Kind zu erfahren, wie der Vater und die Mutter zu der Person wurden, die sie sind? Wissen fördert Verständnis – wenn ich etwas über die Vergangenheit meiner Eltern weiß, kann ich besser verstehen, warum sie sind, wie sie sind.

Thomas, Vater eines Sohns und einer Tochter, hatte seinen Vater immer geliebt, zwischen ihnen herrschte aber ein eher distanziertes Verhältnis. Er bewunderte seinen Vater, der erfolgreich ein Unternehmen geführt hatte und immer über aktuelle politische und wirtschaftliche Zusammenhänge informiert war. Schon in jungen Jahren teilte der Sohn das Interesse des Vaters an politischen Themen, und die beiden hatten sich immer rege darüber ausgetauscht. Als Thomas' Sohn ihn mal zu seinem Opa befragte, stellte Thomas fest, wie wenig er eigentlich über seinen Vater erzählen konnte, dass er ihn gar nicht so gut kannte.

Zum 80. Geburtstag seines Vaters schenkte Thomas ihm deshalb eine »Interviewserie«: Er traf ihn an mehreren Wochenenden und stellte ihm viele Stunden lang Fragen zu seinem Leben. Die aufgenommenen Interviews wurden dann später von einem professionellen Autor zu einer Biografie zusammengefügt. Unabhängig von dem später entstandenen Buch, über das sich nicht nur der alte Herr, sondern die gesamte Familie freute, bedauerte Thomas, diese Gespräche nicht viel früher mit seinem Vater geführt zu haben. Er hatte es im Verlauf der Gespräche auch gewagt, persönlichere Fragen an ihn zu richten, und hatte dadurch so viel von seinem Vater erfahren und verstanden, von dem er sich gewünscht hätte, es früher gewusst zu haben.

Es ist doch bemerkenswert, wie wenig nah wir manchmal den Menschen sind, die uns am nächsten sein sollten oder von denen wir uns das wünschen würden. Als Eltern haben wir die Chance, das Verhältnis zu unseren Kindern zu gestalten: Wir können uns öffnen und Persönliches berichten. Und wir können Interesse an Persönlichem unserer Kinder zeigen, das ihnen die Möglichkeit gibt, sich uns zu öffnen. Wenn man Nähe möchte, muss man Risiken eingehen – Persönliches offenbaren und persönliche Fragen stellen. Dabei zeigt man eine verletzliche Seite, die viele Eltern nicht an den Tag legen wollen, da sie vor ihren Kindern immer »stark« wirken möchten. Der Nachteil dieser Stärke ist, dass sie eher von einer gewissen Distanz in der Beziehung als von Nähe geprägt ist. Persönliche Fragen zu stellen, bedeutet auch ein Risiko –

unser Kind kann uns »abblitzen« lassen und uns vermitteln, dass es sich bedrängt fühlt –, dies geschieht vor allem mit jugendlichen Kindern. Es ist normal, dass Kinder nicht immer in der Stimmung sind, Persönliches zu offenbaren, das sind wir auch nicht immer. Vielleicht haben wir unser Kind mit unserem Gesprächsversuch einfach in einem ungünstigen Moment erwischt. Viele Eltern fühlen sich durch den Rückzug ihrer Kinder, nachvollziehbarer Weise, verletzt und hilflos und ziehen sich wiederum zurück. Dadurch entsteht dann eine Spirale aus Rückzügen, die Nähe fast unmöglich macht. Wenn wir uns nicht entmutigen lassen und den Rückzug unseres Kindes nicht als Angriff gegen uns werten, ihn akzeptieren und uns trotzdem nicht zurückziehen, sondern immer wieder mit interessierten Gesprächsversuchen auf es zugehen, besteht die Chance auf einen bereichernden Austausch und Nähe.

## Das ganze Gehirn nutzen

Gerade bei starken, belastenden Emotionen ist es hilfreich, wenn unsere Kinder lernen, darüber zu sprechen. Wenn es gelingt, Kinder in Gesprächen dazu zu animieren, von diesen Gefühlen und den dazugehörigen Ereignissen zu erzählen, ist dies auch aufgrund von Erkenntnissen der Hirnforschung heilsam.

Daniel J. Siegel und Tina Payne Bryson, Autoren des Buches *Achtsame Kommunikation mit Kindern* erläutern, warum es so wichtig ist, dass Kinder sowohl ihre rechte Hirnhälfte (emotional, nonverbal, erfahrungsbezogen und autobiografisch – kümmert sich um Bedeutung und Empfindung einer Erfahrung) als auch ihre linke Hirnhälfte (logisch, linguistisch, linear – kümmert sich um Einzelheiten und die Ordnung einer Erfahrung) nutzen, um Erfahrungen zu verarbeiten, in denen starke belastende Gefühle auftreten. Oft sind Kinder in diesen Situationen ihren Gefühlen hilflos ausgeliefert, da ihre rechte Hirnhälfte von starken Emotionen und Körperempfindungen regelrecht überschwemmt wird.

Siegel und Payne Bryson erklären, dass Eltern ihre Kinder dabei unterstützen können, in solchen Momenten auch die linke Gehirnhälfte zu aktivieren, damit das Kind seine Erfahrungen durch den Einsatz von Sprache und Logik besser versteht. Die Zusammenarbeit beider Gehirnhälften wird gefördert, indem das Kind die Geschichte seiner belastenden Erlebnisse erzählt. Zu seiner Erzählung trägt die rechte Hirnhälfte die Gefühle und Erinnerungen bei, die linke Seite verleiht ihnen einen Sinn. Das Kind hat somit durch seine Erzählung die Möglichkeit, die erlebten starken Gefühle und Körperempfindungen, für die die rechte Hirnhälfte zuständig ist, mithilfe des Einsatzes der linken Hirnhälfte zu benennen und die Ereignisse zu ordnen. Eltern können ihre Kinder dabei unterstützen, ihre Geschichte zu einem belastenden Ereignis zu erzählen: Durch Nachfragen zu dem Ablauf der Ereignisse und zu den während dieser Zeit durchlebten Gefühlen oder auch bei kleineren Kindern durch Ergänzungen in der Beschreibung der Ereignisse durch die Eltern, wenn die Kinder in der Erzählung ihrer Geschichte nicht mehr weiterkommen. So ein leidvolles Erlebnis, das starke Emotionen auslösen kann, ist beispielsweise bei kleineren Kindern das Erlebnis eines Sturzes, bei dem sie ihr Knie aufgeschlagen haben, was große Schmerzen und Angst hervorrief. Bei Schulkindern kann es beispielsweise die traurige Erfahrung sein, dass Freunde sie ausgegrenzt haben, oder das schmerzvolle Erlebnis, von den Mitschülern wegen eines Unterrichtsbeitrags in der Klasse ausgelacht worden zu sein.

Siegel und Bryson:

»In der Tat zeigt die wissenschaftliche Forschung, dass allein schon durch das Benennen oder Bezeichnen unserer Gefühle die Aktivität der emotionalen Kreisläufe in der rechten Hemisphäre beruhigt wird. Das ist auch der Grund, warum es für Kinder jeden Alters wichtig ist, ihre Geschichte zu erzählen. Weil es ihnen hilft, ihre Emotionen und Ereignisse in ihrem Leben zu verstehen. (...) In der Tat ist das Geschichtenerzählen oft genau das, was die Kinder brauchen, um das Ereignis zu verstehen und in einen Zustand zu kommen, in dem sie sich in Bezug auf das Ereignis besser fühlen.«[7]

# Mehr als Textmessage und Chat – einfach miteinander reden

Elektronische Kommunikation erleichtert unser Leben ungeheuer. Wir können auf raschem Weg Dinge mitteilen oder abklären, dies funktioniert schneller und unkomplizierter als durch ein Telefonat oder durch ein Gespräch von Gesicht zu Gesicht. Um zum Beispiel einen Termin auszumachen, schreiben wir schnell eine SMS und sind froh, nicht ein längeres persönliches Gespräch führen zu müssen.

Über Handys drücken wir uns immer mehr in Kürzeln und über Emojis aus, auch dies macht die Kommunikation zeiteffizienter. Durch SMS oder andere Textnachrichten kann man direkt ansprechen, was man möchte. In einem realen Gespräch gibt es mehr Raum für Ablenkungen vom Thema. Eine Unterhaltung kann sich schnell in eine andere Richtung als geplant entwickeln. Dies kostet Zeit und Energie.

Durch unsere ständige Erreichbarkeit von morgens ab dem Aufwachen bis zum Einschlafen über Handy, soziale Medien und durch die permanente Informationsverfügbarkeit über das Internet schalten wir eigentlich kaum noch ab – wir sind permanent auf Empfang oder Sendung via elektronische Medien. Manche Menschen hängen täglich stundenlang vor ihren Geräten, der Begriff des »Smombies«, eine Mischung aus Smartphone und Zombie, beschreibt Personen, die selbst beim Gehen ständig auf ihr

Smartphone stieren. In China wurde nun ein Zebrastreifen mit roter und grüner Leuchtfunktion eingeführt, damit die Smombies, die nicht mehr von ihrem Handy aufblicken, auch erkennen, wann die Ampel umschaltet.

Minuten der Ruhe und des Nichtstuns finden kaum noch statt – jede kleine Pause oder Wartezeit nutzen wir, um unser Handy zu checken. Dadurch dass wir in diesen Pausen durch unsere Handys immer etwas zu lesen, sehen oder schreiben haben, werden solche Momente immer weniger für Gespräche genutzt. So wird ein Gespräch, bei dem sich Menschen ohne Unterbrechungen austauschen und konzentriert miteinander reden, immer seltener. Nur wenn wir uns tatsächlich auf unser Gegenüber ohne Ablenkung einlassen, haben wir die Chance, dass ein Kontakt und dadurch auch Nähe entsteht. Als Eltern müssen wir uns heute bewusst dafür entscheiden, in diesem Umfeld der ständigen elektronischen Erreichbarkeit ein Gespräch ohne Unterbrechungen zu führen. Das ist eine ganz andere Situation als in unserer Kindheit, in der es tatsächlich Momente des Nichtstuns und der Langeweile gab, in denen sich interessante Gespräche wie von selbst entwickeln konnten.

Wir sind oft erstaunt über unsere jugendlichen Kinder: Häufig bevorzugen sie es, mit ihren Freunden auf sozialen Medien zu chatten, als sich mit ihnen zu treffen und reale Gespräche zu führen. Bei der virtuellen Kommunikation mit ihren Freunden können sie sich ein- und ausklinken, wann sie mögen, müssen sich nicht mit einem realen Gegenüber in seiner Gesamtheit austauschen und bewahren so die Kontrolle über das Gespräch. Die Fähigkeit, sich einzulassen und auch die Gefühle eines realen Gesprächspartners zu erkennen und zu interpretieren, wird durch die virtuelle Kommunikation nicht gefördert.

In Zeiten, in denen durch die Nutzung von Handys und Computern in bereits frühem Alter die elektronische Kommunikation auch bei unseren Kindern immer mehr Raum einnimmt und besonders im Jugendalter an Bedeutung gewinnt, ist es umso wichtiger, ihnen Gelegenheiten für »echte« Gespräche zu bieten, einfach miteinander zu reden, Unterhaltungen zu pflegen und auch zu üben. Unterhaltungen, in denen man sich austauscht und lernt, nicht einfach auszusteigen, wenn einem der Standpunkt des Gegenübers nicht passt, sondern mit Gegenargumenten darauf einzugehen. Unterhaltungen, in denen man sich auch nicht hinter einer Anonymität verstecken kann und dementsprechend die Verantwortung für seine Worte verschleiert.

In »realen Gesprächen« können Kinder auch die Abfolge von Senden und Empfangen in der Kommunikation üben. Üblicherweise entstehen Gespräche durch den Austausch von Botschaften. Es gibt Sender und Empfänger von Botschaften und im Verlauf eines Gesprächs wechseln die Positionen. Doch es ist manchmal erstaunlich, wie wenig dialogfähig einige Erwachsene zu sein scheinen, da sie nur am »Senden« interessiert sind. Das Gespräch wird nur durch Fragen an sie in Gang gehalten, sie ergehen sich in endlosen Antworten und stellen keine einzige Gegenfrage.

Die Grundregeln der Kommunikation und eines schönen Gesprächs, an dem alle Seiten beteiligt sind, können Kinder bereits früh lernen. Deshalb ist es auch so wichtig, dass Kinder einerseits nach ihrer Meinung gefragt werden, zu Wort kommen und so lernen, zu senden und ihre Standpunkte gut zu vertreten. Ihnen wird vermittelt, dass ihre Meinung wichtig ist, und indem sie ermuntert werden, ihre Sicht der Dinge darzulegen und auch zu vertreten, erleben sie sich als kompetent. Das verleiht ihnen ein Gefühl des Selbstwertes.

Genauso wichtig ist es, dass Eltern andererseits auch von sich berichten und ihre Meinung formulieren und Kinder auch lernen, Fragen zu stellen – in dieser Form findet ein Austausch zwischen zwei Gesprächspartnern statt, und Kinder lernen auch, der anderen Seite des Dialogs zuzuhören und der Meinung des anderen mit Offenheit und Interesse zu begegnen. Lernen unsere Kinder nur zu senden, entwickeln sie sich zu egoistischen und unempathischen Gesprächspartnern. Lernen sie nur zu empfangen, wird es ihnen an Selbstbewusstsein fehlen, ihre eigenen Standpunkte zu vertreten.

Katrin, eine Mutter von drei Töchtern, litt unter ihrer Ängstlichkeit, bei größeren Tischrunden mit Freunden oder Bekannten einen Wortbeitrag zu leisten. In Zweiersituationen kannte sie die Schüchternheit nicht, aber vor anderen Erwachsenen in größerem Kreis fiel es ihr sehr schwer, ihre Meinung zu äußern. Auch wenn sie eine klare Meinung zu den meisten Gesprächsthemen hatte. Jedes Mal überkam die eher überdurchschnittlich intelligente Frau Angst, etwas Falsches oder nicht so Kluges zu sagen. Zwischen ihr und ihren Eltern hatte zwar ein materiell behütetes, aber relativ autoritäres Verhältnis geherrscht. Ihre Eltern waren an Leistung und Fakten interessiert, über Gefühle wurde wenig gesprochen. Katrin und ihre Geschwister wurden selten ermuntert, von sich zu berichten. Die Familienthemen kreisten in der Regel um Sachthemen, und ihre Eltern hatten zu allem eine feste Meinung. Ihr Weltbild war konservativ und relativ unflexibel. Katrin erinnerte sich, dass sie schon als junges Mädchen Angst hatte, das Falsche zu sagen. Da ihre Eltern sie nicht ermunterten, ihren Standpunkt zu vertreten, sondern im Gegenteil dazu neigten, Katrin ihre Sicht »überzustülpen«, zog sie sich zurück. So ergaben sich für sie im Familienverbund kaum Gelegenheiten, selbstverständlich zu üben, ihre Position zu vertreten. Dementsprechend konnte sie hier nicht die Erfahrung machen, dass sie durchaus in der Lage war, in einer Diskussion ihre Meinung zu begründen und zu vertreten. Die andere Seite der Medaille: Katrin wurde zu einer hervorragenden Zuhörerin, die interessiert am Gegenüber war und kluge Fragen stellte, durch die sie ein Gespräch in Gang halten und bereichern konnte. Mühsam musste sie als Erwachsene jedoch das »Senden« üben, da sie dazu als Kind und Jugendliche wenig ermuntert worden war.

## Kinder üben in »echten« Gesprächen vielfältige Kompetenzen

Sitze ich meiner Gesprächspartnerin oder meinem -partner persönlich gegenüber, ergibt sich zum einen die Chance auf eine intensivere Unterhaltung als per SMS etwa, zum anderen sind aber auch Unterbrechungen, Ablenkungen oder ungeplante Entwicklungen des Gesprächs möglich, auf die wir reagieren müssen. Nicht zuletzt dadurch lernen wir unser Gegenüber oft besser kennen und können schließlich mehr Verständnis füreinander entwickeln.

Die zwischenmenschliche Kommunikation ist komplex und muss von Kindern geübt werden – Fragen stellen, wenn man etwas nicht versteht, in die Augen blicken und den Blick des Gegenübers einschätzen, seine Körperhaltung und Mimik in das Verständnis miteinbeziehen. In »echten« Gesprächen lernen Kinder nicht nur den verbalen Austausch, sie lernen auch, nonverbale Signale zu interpretieren. Die nonverbale Nachricht entfällt bei der virtuellen Kommunikation, bei der wir unser Gegenüber nicht sehen, komplett, deshalb ist sie manchmal effizienter, manchmal aber auch anfällig für Missverständnisse und Fehlinterpretationen.

Die Interpretation nonverbaler Kommunikation, ein wichtiger Bestandteil von persönlichen Gesprächen, können wir in Alltagssituationen mit unseren Kindern üben. Wenn die Verkäuferin an der Supermarktkasse kurz angebunden war, können wir unser Kind fragen:

»Glaubst du, die Verkäuferin war fröhlich?« – und dann kann man gemeinsam mit dem Kind überlegen, woran man ihre Gefühlslage erkennen könnte: Sie hat nicht gelächelt, sie hat uns nicht in die Augen gesehen und sich uns nicht zugewendet, ihr Ton war kühl, sie hat uns nicht »Auf Wiedersehen« gesagt und nicht reagiert, als ich mich bedankt habe.

Kinder üben so, nonverbale Signale zu deuten:

✳ den Gesichtsausdruck
✳ den Blick
✳ die Gestik

* die Körperhaltung, -orientierung und -entfernung
* vokale nonverbale Signale, also die Lautstärke, Stimmfrequenz, Sprechgeschwindigkeit und Intonation, mit der eine Person spricht.

Gemeinsam können wir dann überlegen, welches Gefühl wohl bei der Verkäuferin vorherrschte:

War sie traurig? War sie vielleicht angespannt? Vielleicht war sie erschöpft? Und plötzlich ist die Verkäuferin nicht einfach nur »unfreundlich«, sondern ein Mensch mit Gefühlen, dem es vielleicht gerade nicht so gut geht und für den wir Verständnis entwickeln können. Solche Gespräche über nonverbale Signale fördern nicht nur die sprachliche und kognitive Entwicklung eines Kindes, sondern besonders auch seine emotionale Kompetenz. Die Gelegenheit im Alltag, über Emotionen zu sprechen, lässt sich jedoch nicht immer ergreifen. Alternativ können wir auch mit Büchern solche Gespräche in Gang setzen. Etwa der Fotobildband von Jan von Holleben *Meine wilde Wut* oder auch schon für kleinere Kinder das Bilderbuch *Heute bin ich* von Mies van Hout lassen Eltern mit Kindern ohne Mühe in einen lebendigen Austausch über Gefühle, Stimmungen, Mimik und vieles mehr kommen.

## In Gesprächen die Empathie unserer Kinder fördern

Gefühle zu erkennen, zu spüren und zu benennen, also auch nonverbale Signale zu beachten und zu interpretieren, stärkt die Empathie eines Kindes. Es achtet dabei nicht nur auf die Worte seines Gegenübers, sondern auch auf den Ausdruck, mit dem sie durch Mimik, Körperhaltung und Ton transportiert werden. Dadurch lernt das Kind, sich in den Gesprächspartner hineinzuversetzen und nachzuempfinden, wie es diesem geht. Etwa ab vier Jahren ist ein Kind in der Lage, die Perspektive eines anderen – zumindest teilweise – einzunehmen und dadurch mit der anderen Person mitzufühlen und zum Beispiel Mitleid zu empfinden. Empathie fördert prosoziale Verhaltensweisen.

Manchmal begegnet man Menschen, die offensichtlich nur in der Lage sind, auf verbale Signale zu reagieren. Man spricht mit ihnen und hat den Eindruck, dass sie »kalt« sind und maschinenartig kommunizieren. Sie können die emotionalen Signale anderer Menschen nicht erkennen und nicht deuten, ihnen fehlt es an Empathie, was für sie immer wieder zu zwischenmenschlichen Problemen führt, da man sich von diesen Menschen nicht verstanden fühlt.

Kinder werden mit unterschiedlichen Ausprägungen von Empathie geboren. Einigen Kindern scheint es von Anfang an leichter zu fallen, mit anderen Menschen Verbindung aufzubauen. Sie schenken Gefühlen und Gedanken anderer Menschen Aufmerksamkeit und sind in der Lage, diese richtig zu verstehen und nachzuempfinden und auch noch angemessen darauf zu reagieren.

Ich beobachtete einmal eine Szene, die mich sehr berührte. Eine Mutter stand mit ihrem etwa dreijährigen Sohn an der Hand an der Ampel eines Fußgängerübergangs einer befahrenen Straße, neben ihnen wartete eine ältere Dame. Der kleine Junge blickte die ältere Frau aufmerksam an, nach einigem Beobachten sprach er sie von der Seite an:»Warum guckst du so traurig?« Die Frau sah ihn an und meinte:»Ich bin so allein.« Der Junge antwortete:»Du Arme«, und als die Ampel auf Grün schaltete, ging jeder seines Weges. Offensichtlich war dieser Junge ein Empathie-Talent: Er war in der Lage gewesen, die Stimmung einer fremden Person zu erfassen, sie anzusprechen und ihr auch noch seine Anteilnahme auszudrücken.

Auch wenn nicht alle Menschen mit dieser ausgeprägten Empathie ausgestattet sind, so lässt sich Empathie fördern – auch noch im Erwachsenenalter. Mentales Training ist eine Art und Weise, durch die soziale Fähigkeiten trainiert werden können, wie die Neurowissenschaftlerin und Psychologin Tania Singer in einer groß angelegten Untersuchung, dem sogenannte »ReSource Projekt« des Max-Planck-Instituts für Kognitions- und Neurowissenschaften, herausfand. Es ist das bisher weltweit größte Projekt, das sich mit den Möglichkeiten zur Förderung von Empathie beschäftigt. In einem Interview der Max-Planck-Gesellschaft erklärt Singer die Effekte unterschiedlicher Formen mentalen Trainings auf Gehirn und Verhalten. Und sie zieht wichtige Schlüsse – auch für die Arbeit mit Kindern im Bereich sozialer Fähigkeiten:

»Ich würde das Training vor allem präventiv einsetzen (...) gerade in Brennpunktschulen (...), wo viele Kulturen aufeinandertreffen und daher die Fähigkeit zum Perspektivwechsel und dem gesunden Umgang mit Stress und schwierigen Emotionen sehr wichtig ist. Wenn dort die Kinder und Jugendlichen regelmäßig trainieren, dann hätte das sicherlich einen enormen Effekt, auch deswegen, weil Kindergehirne natürlich noch sehr viel plastischer sind als die von Erwachsenen.«[8]

Es gibt heute bereits einige wissenschaftlich entwickelte Trainingsprogramme, die in Kindergärten und Schulen angewendet werden, um die Empathie von Kindern zu fördern und somit das soziale Miteinander zu verbessern. In ihrem Buch *Unselfie. Why Empathetic Kids Succeed in Our All-About-Me World* – ins Deutsche übertragen: *Selbstlos. Warum empathische Kinder in unserer Alles-dreht-sich-um-mich-Welt erfolgreich sind* – beschäftigt sich die Autorin Michele Borba mit der Ausbildung von Empathie bei Kindern. Sie beschreibt unter anderem ein Programm der Organisation »Roots of Empathy«, das 1996 von Mary Gordon gegründet wurde: Kindern ab dem Kindergartenalter bis zur achten Klasse soll mithilfe des Programms »emotionale Alphabetisierung« beigebracht werden – sie sollen lernen, die eigenen Gefühle zu erkennen und zu benennen und sie auch bei anderen zuordnen zu können. Im Mittelpunkt des Programms stehen ein Baby mit seiner ehrenamtlich helfenden Mutter oder Vater, die die Klasse regelmäßig besuchen. Ausgebildete Trainer leiten die Kinder der Schulklasse an, auf das Baby und seine Gefühle zu achten und diese zu benennen. Da das Baby seine Gefühle verbal noch nicht ausdrücken kann, müssen die Kinder sehr genau beobachten, um anhand seiner Mimik, Gestik und der Tonlage seiner Stimme die Gefühle des Babys zu deuten. Kinder lernen so, ihre eigenen und die Gefühle anderer besser zu verstehen, ihre Empathie wird gefördert. Kinder werden in diesem organisierten Schulprogramm von professionellen Empathie-Trainern angeleitet mit dem Ziel, Aggressionen und Mobbing in den Schulen zu reduzieren und gleichzeitig ihre sozial-emotionale Kompetenz und Empathie zu steigern.

Auch wir Eltern können im Alltag immer wieder als die »Empathie-Trainer« unserer Kinder fungieren. Um empathisch auf andere Menschen zu reagieren, müssen Kinder zunächst in der Lage sein, ihre eigenen Gefühle zu erkennen. Deshalb ist es hilfreich, wenn Eltern ihr Kind in Gesprächen ermuntern, seine eigenen Gefühle zu benennen – außerdem können Mutter und Vater dem Kind die Gefühle, die sie bei ihm feststellen, rückmelden.

Auch im Hinblick auf die Gefühle anderer Personen können Eltern die Tochter oder den Sohn dazu animieren, sich in andere Personen hineinzuversetzen und zu überlegen, wie diese sich gerade fühlen. Nicht zuletzt hilft es einem Kind, wenn die Eltern ihm ihre eigenen Gefühle immer wieder erklären. So lernt es, eigene und auch fremde Emotionen zu erkennen und zu benennen. Wir können sowohl positive als auch negative Gefühle erklären:

✳ »Heute bin ich fröhlich, weil ich mit meiner Arbeit gut vorangekommen bin – lass uns einen schönen Spaziergang zusammen machen.«

✳ »Ich bin gerade sehr angespannt, weil ich mir Gedanken über meine Arbeit mache. Kannst du bitte in deinem Zimmer spielen – ich brauche etwas Ruhe.«

Differenzieren Sie Ihre Gefühle möglichst genau. Sprechen Sie nicht nur von »gut« oder »schlecht«, wenn Sie über Ihr Befinden reden. Der Psychologe Marshall B. Rosenberg unterteilt die grundlegenden Gefühle, die wir alle haben, in Gefühle, die auftreten, wenn Bedürfnisse erfüllt sind, und in solche, die auftreten, wenn Bedürfnisse nicht erfüllt sind.[9]

Zu der ersten Kategorie zählt er: angeregt, bewegt, dankbar, energiegeladen, erfreut, erfüllt, erleichtert, erstaunt, fasziniert, fröhlich, gerührt, hoffnungsvoll, inspiriert, optimistisch, stolz, vertrauensvoll, wohl, zuversichtlich.

Zu den Gefühlen, die auftreten, wenn Bedürfnisse nicht erfüllt sind, zählt er: bekümmert, besorgt, einsam, entmutigt, enttäuscht, frustriert, gereizt, hilflos, hoffnungslos, nervös, traurig, unbehaglich, ungeduldig, verärgert, verlegen, verwirrt, widerwillig, wütend.

Scheuen Sie sich auch nicht, genauer nachzufragen, wenn Ihr Kind sagt, es gehe ihm »gut« oder »schlecht« – welches Gefühl meint es damit? Nur wenn man über ein entsprechendes Gefühlsvokabular verfügt, kann man Gefühle benennen. Je größer das Vokabular ihres Kindes für Gefühle ist, umso leichter wird es Gefühle bei sich und anderen Menschen zuordnen können.

Als Mütter von Söhnen sollten wir dem Ausdruck von Gefühlen im Gespräch mit unseren Jungs besondere Aufmerksamkeit schenken. Offensichtlich sprechen Mütter auf andere Art und Weise mit ihren Söhnen als mit ihren Töchtern. Der Arzt und Wissenschaftsjournalist Werner Bartens zitiert die Psychologin Harriet Tenenbaum, die den Ausdruck von Gefühlen in Gesprächen von Vätern und Müttern mit ihren Kindern untersuchte: »Gespräche zwischen Eltern und Kindern weisen geschlechtsspezifische Unterschiede auf. Mütter reden ausdrucksstärker und gefühlsbetonter mit den Töchtern.«[10]

Damit ihre Jungen lernen, darüber zu sprechen, wie es ihnen geht, tun Mütter (und natürlich auch Väter) gut daran, auch mit ihren Jungs über Gefühlsdinge zu sprechen – angefangen bei ihren eigenen Gefühlen, über die Gefühle der Söhne sowie über Gefühle von anderen Menschen, die eine Rolle im Leben der Söhne spielen.

Auch in Rollenspielen lernen Kinder, sich in andere Menschen hineinzuversetzen und die Welt aus deren Augen zu sehen. Wir Eltern können gemeinsam mit unseren Kindern in andere Rollen schlüpfen und (je nach Alter unseres Kindes) fiktive Dialoge in den jeweiligen Rollen miteinander führen. Berichtet das Kind beispielsweise von einem Streit mit einem Freund oder einer Freundin, kann ein Rollenspiel sehr hilfreich sein: Das Elternteil nimmt die Rolle des eigenen Kindes ein, und das Kind nimmt die Rolle des Freundes/der Freundin ein, mit dem/der es sich gestritten hat. Der Rollentausch kann es ihm ermöglichen, sich zumindest teilweise in die Position des anderen einzufühlen und sich in seine Gefühlswelt hineinzuversetzen

Kinder können auch im Umgang mit Haustieren die Auswirkungen von einfühlsamem beziehungsweise nicht einfühlsamem Verhalten lernen, da die Reaktionen der Tiere direkt und unverstellt erfolgen.

Der zehnjährige Tim war Mitmenschen gegenüber sehr launisch. Er konnte sich bisweilen liebevoll und einfühlsam verhalten, zu anderen Zeiten aber auch abweisend und unempathisch.

Genauso verhielt er sich auch mit dem Haustier der Familie, einem anhänglichen Cocker Spaniel. Manchmal war er liebevoll mit dem Hund, spielte und kuschelte mit ihm, manchmal wiederum, wenn das Tier mit ihm spielen wollte und er keine Lust hatte, herrschte er den Hund an, zog ihn fest an der Leine oder machte seine Zimmertür zu, wenn der ihn »besuchen« wollte.

Die Mutter versuchte, Tim zu erklären, dass man auch mit einem Tier freundlich sprechen müsse, damit es einem vertraue, und auch die Bedürfnisse des Tieres wahrnehmen müsste – zum Beispiel, nicht nur spielen, wenn man selbst Lust hätte, sondern auch, wenn das Tier es wollte, aber das beeindruckte Tim wenig. Als er jedoch feststellte, dass der kleine Cocker Spaniel zum Kuscheln, was Tim besonders liebte, immer nur zu seinem älteren Bruder auf das Sofa sprang und dann ganz lange, entspannt und eng bei ihm blieb, was er bei ihm selbst nie tat, wurde er nachdenklich.»Mag mich Elli etwa nicht mehr?«, fragte er seinen Bruder. Dieser erklärte ihm, dass auch Tiere spüren, auf wen sie sich verlassen können und auf wen nicht. Und wenn sie nicht sicher sind, ob ein Mensch freundlich oder feindselig reagiert, sich lieber fernhalten. Dies hatte tatsächlich einen Effekt auf Tim. Die unverstellte Reaktion seines Tieres ließ ihn über sein Verhalten nachdenken. Er hatte nach dem Gespräch mit seinem Bruder immer noch Anwandlungen von abweisendem Verhalten, bemühte sich aber insgesamt, liebevoller und einfühlsamer mit seinem Haustier umzugehen. Er hatte erkannt, dass auch Tiere Bedürfnisse haben und dass ein guter Hundehalter diese erkennt und auch auf sie eingeht.

# TEIL 2

# Gelungene Kommunikation in herausfordernden Situationen

# Gespräche und Nähe im trubeligen Familienalltag ermöglichen

Im Folgenden werde ich mit praktischen Anregungen auf Kommunikationssituationen eingehen, die jede auf ihre Weise Eltern wie Kinder herausfordern.

## Kinder möchten nicht »verhört« werden

Haben wir den Tag, wie es an Wochentagen bei Kindergarten- und Schulkindern üblich ist, zum Teil von unserem Kind getrennt erlebt, sind wir interessiert zu erfahren, wie die von uns getrennte Zeit verlief. Fragen wir das Kind am Abend oder wenn es von der Schule oder seinen Aktivitäten am Nachmittag nach Hause kommt, wie der Tag war, erhalten wir oft nur ein knappes »Okay!«, »Gut« oder »Normal ...« als Antwort. Fragen wir dann genauer nach, reagieren die meisten Kinder genervt. Je mehr wir nachfragen, desto weniger erfahren wir.

An der Reaktion des Kindes lässt sich ablesen, dass wir irgendetwas anders machen müssten, damit es freudiger erzählt – nur was? Wenn wir das Kind fragen, wie sein Tag, die Mathearbeit oder das Basketballtraining war, fühlt es sich durch unsere Nachfragen womöglich in seiner Leistung überprüft. Nach einem anstrengenden Tag, an dem es bereits viel geleistet hat, verspürt das Kind oft keine Lust, noch einmal auf diese Leistungen einzugehen. Es möchte einfach freihaben und sich nicht mehr mit den anstrengenden Dingen des Alltags beschäftigen. Um zu verhindern, dass sich unsere Kinder durch unsere Nachfragen überprüft fühlen, ist es wichtig, auf ihre Erzählungen einfühlsam zu reagieren und auf ihre Empfindungen einzugehen.

So gut wir Eltern es in der Regel meinen, manchmal führen wir Gespräche mit unseren Kindern fast wie Verhöre. Wir möchten etwas über die Tageserlebnisse erfahren und spüren, unser Kind möchte nicht wirklich erzählen. Dann haken wir nach und gehen dabei nur auf die Informationen ein, die uns interessieren, nicht aber auf die damit zusammenhängenden Gefühle des Kindes. Dadurch fühlt es sich nicht wahrgenommen und zieht sich zurück.

Ein typischer Dialog zwischen Mutter und Kind, wenn sie sich nach dem Schulalltag wiedersehen, sieht folgendermaßen aus:

Mutter: »Wie war dein Tag, mein Schatz?«

Lennart: »Gut.«

Mutter: »Ihr habt doch eine Mathearbeit geschrieben, wie lief die?«

Lennart: »Ganz okay.«

Mutter: »Was heißt okay? Hast du alles geschafft?«

Lennart: »Ne, nicht alles.«

Mutter: »Was denn nicht?«

Lennart: »Na, das Ende. Die letzten zwei Fragen konnte ich nicht.«

Mutter: »Oh je. Zwei Fragen, das ist ja ganz schön viel.«

Lennart: »Die hat fast keiner geschafft. Ich geh jetzt mal in mein Zimmer.«

In diesem Gespräch fordert die Mutter sehr direkt die Informationen ein, die für sie relevant sind. Die Gefühle ihres Sohnes übergeht sie. Seine Enttäuschung über die Arbeit kann er gar nicht ausdrücken, da er durch ihre Bemerkungen in die Defensive gedrängt wird (»Die hat fast keiner geschafft«). Sie beschwert ihren Sohn, der selber durch den Verlauf der Arbeit belastet ist, mit ihren Sorgen darüber (»Oh je. Zwei Fragen, das ist ja ganz schön viel«). Ihr Sohn fühlt sich verhört und in seinen Gefühlen nicht wahrgenommen und zieht sich zurück.

Im Sinne des aktiven Zuhörens könnte die Mutter empathischer auf den Sohn eingehen:

Mutter: »Wie war dein Tag, mein Schatz?«
Lennart: »Gut.«
Mutter: »Ihr habt doch eine Mathearbeit geschrieben, wie lief die?«
Lennart: »Ganz okay.«

Hier hätte die Mutter das Gefühl, was sie von ihrem Sohn erspürte, rückmelden können:

»Das klingt, als wenn du nicht ganz sicher bist, ob die Arbeit gut lief.«

Lennart: »Ne, bin ich auch nicht.«
Mutter: »Wo liegen denn deine Zweifel?«
Lennart: »Na ja, ich habe nicht alle Aufgaben geschafft.«
Mutter: »Du hättest mehr Zeit benötigt, oder?«

Lennart: »Ja, hätte ich. Ich habe einfach zu lang gebraucht, Vielleicht kann Papa doch noch mal mit mir üben am Wochenende. Ich brauche einfach mehr Übung.«

Mutter: »Klar, das ist eine gute Idee. Papa macht das bestimmt gern.«

Auch bei diesen typischen Fragen nach dem Alltag unserer Kinder gilt: Gehen wir auf ihre Befindlichkeit ein, gibt es eine größere Wahrscheinlichkeit, dass sie von dem erzählen, was uns interessiert. Reines Erfragen der Fakten, die uns interessieren, wirkt wie ein Ausfragen und ist wenig empathisch. Merken wir also, wenn ein Kind keine Lust hat, uns von seinen Erlebnissen zu berichten, machen wir aller Wahrscheinlichkeit nach etwas falsch. Es sind nicht die Kinder, die »maulfaul« oder »verstockt« sind, sondern unsere Gesprächsführung ist vermutlich zu direktiv und zu wenig einfühlsam. Wenn Sie zwischen den Zeilen hören, was Ihr Kind sagt, und wenn Sie auf seine Gefühle eingehen, werden Sie ganz sicher mehr Zuwendung und Gesprächsbereitschaft von Ihrem Kind erleben. Es lohnt sich für Eltern wie für die Kinder, die alten und unergiebigen Fragemuster über Bord zu werfen!

## Rituale installieren

Eine Möglichkeit, über die Erlebnisse des Tages mit allen Familienmitgliedern in einen lebendigen Austausch zu kommen, ist, bei gemeinsamen Familienzeiten, wie dem gemeinsamen Essen, ein »Superlativ-Ritual« einzuführen – jedes Familienmitglied berichtet über das lustigste, doofste oder schönste Erlebnis des Tages. Dieses Ritual hat mehrere Vorteile:

Die Kinder fühlen sich in dieser Situation nicht »ausgefragt«, und sie müssen nicht chronologisch über ihren Tag berichten, was viele Kinder als langweilig empfinden. Die Superlative lockern die Erzählung etwas auf, und es kann Spaß machen, in den Wettbewerb um den interessantesten Bericht zu kommen. So wird gleichzeitig geübt, interessant und für andere spannend zu erzählen. Auch die Tatsache, dass die Eltern sich ebenfalls an den Erzählungen beteiligen, macht die Kommunikation mehrdimensional. Die Kinder fühlen sich als Gesprächspartner auf Augenhöhe und nicht als Kinder, die einen »Bericht« abgeben müssen. Indem jedes Familienmitglied an die Reihe des Erzählens kommt, beteiligen sich auch die etwas »wortkargeren« Geschwister am Gespräch, die sich sonst vielleicht während des Tischgesprächs zurücknehmen würden.

Man kann das Ritual so gestalten, dass sich abwechselnd jeden Tag ein anderes Familienmitglied eine Frage zum Tag ausdenken und als Erstes mit dem Erzählen beginnen darf.

Für diese Rituale gibt es unterschiedliche Varianten, statt nach den Superlativen zu fragen, kann man sich auch, dem Alter der Kinder entsprechend, andere Fragen zum Tagesverlauf ausdenken: Was hat euch heute zum Nachdenken gebracht? Wer war heute nett zu euch? Wem habt ihr heute geholfen? Worüber habt ihr euch heute geärgert? Mit wem habt ihr heute Spaß gehabt? Auch hier kann sich im Wechsel ein Familienmitglied eine Frage ausdenken, die dann reihum beantwortet wird. Es kann Freude machen, sich immer neue Fragen auszudenken: Fragen, die für ergiebigen Gesprächsstoff am Esstisch sorgen. Dies fördert die Kreativität aller Beteiligten und bringt Abwechslung in den Austausch über den Tag.

Vielleicht können Ihnen auch einige der in Teil 3 vorgestellten 100 Fragen als Inspiration dienen. Kinder, die schon lesen können, könnten sich eine Frage heraussuchen – oder es macht Spaß, wenn ein Mitglied der Familie nach dem Zufallsprinzip eine Seite aufschlägt und eine Frage auswählt.

Kinder lernen durch diese Rituale den Wert des persönlichen Austauschs kennen. Sie lernen, Fragen zu formulieren, die ein Gespräch befördern können, und sie lernen, über sich zu berichten. All dies fördert ihre Kommunikationsfähigkeiten und somit ihre Möglichkeiten, mit anderen Menschen in Beziehung zu gehen.

## In die Welt unserer Kinder eintauchen

Wie sehr interessieren wir uns für den Instagram-Helden unseres Sohnes, wie viel wissen wir über den Schauspieler, den unsere Tochter anhimmelt? Wie sehr haben wir uns mit den neuesten Spielkarten oder Stickern beschäftigt, die gerade wieder in sind und die unser Sohn begeistert sammelt? Wann sind wir das letzte Mal in die Welt unserer Kinder eingetaucht, haben Interesse an ihren Interessen gezeigt und sie uns erklären lassen? Es gibt viele Bereiche im Leben unserer Kinder, in denen wir uns nicht auskennen, unsere Kinder aber sind die Experten. In der Regel lieben Kinder es auch, Erwachsenen darüber zu berichten.

Schauen Sie sich mit Ihrem siebenjährigen Sohn sein Sticker-album an, und lassen Sie sich von dem Pokémon-Kosmos berich-ten. Mit dem zehnjährigen Sohn können Sie sich an den Computer setzen und mit ihm sein Lieblingsspiel spielen – versuchen Sie zu verstehen, weshalb er so viel Spaß daran hat. Die 14-Jährige kön-nen wir fragen, welches zurzeit ihr Lieblingsvideo auf YouTube ist, wem sie auf Instagram folgt, und so etwas mehr über ihre Be-geisterung dafür verstehen.

Das alles funktioniert jedoch nur, wenn wir authentisches In-teresse haben und nicht werten oder herabwürdigen. Wir müs-sen nicht die Begeisterung teilen, aber wir können versuchen, sie zu verstehen. Es geht darum, die Favoriten und Idole unserer Kinder kennenzulernen und herauszufinden, was sie bewegt und begeistert. Begegnen wir unseren Kindern und ihren Leiden-schaften offen, entstehen daraus oft tiefer gehende Gespräche. Haben Kinder aufgrund früherer Erfahrungen nicht den Ver-dacht, »ausgeschnüffelt« zu werden, freuen sie sich in der Regel über unser Interesse und berichten gern über das, was sie begeis-tert.

Wichtig ist eine wahrhaftige Offenheit in der Begegnung mit der Welt unserer Kinder. Im folgenden Fallbeispiel wird deutlich, dass fehlende Offenheit der Beziehung zum Kind nachhaltig scha-den kann.

Andrea, eine Mutter von einem Jungen und zwei Töchtern, geriet ständig in Konflikte mit ihrem Ältesten. Es ging darin meist um die Nutzung des Computers. Andrea war der Auffassung, dass der Computer nur zur Erledigung der Hausaufgaben genutzt werden sollte. Ihr ältester Sohn Friedrich sah das als Zwölfjähriger anders und wollte, genau wie seine Freunde, am Computer auch Spiele spielen. Nach zähen Verhandlungen gestand die Mutter ihm eine sehr reglementierte Zeit am Wochenende zum Computerspielen zu. Friedrich fieberte auf diese Stunden am Wochenende hin, sie waren das Highlight seiner Woche. Ab und zu setzte sich Andrea zu ihrem Sohn und lies sich die Spiele, die er spielte, vorführen.

In der Regel kommentierte sie diese mit abfälligen Bemerkungen, wie:

»Das macht ja nur dumm«, »Was für eine Zeitverschwendung«, »Fällt denen nichts Besseres ein?« ... Aufgrund dieser Herabsetzungen war Friedrich froh, wenn seine Mutter den Raum verließ und er endlich wieder ungestört weiterspielen konnte. Ein Austausch kam zwischen ihm und seiner Mutter nicht zustande. Aus Andreas Sicht war sie ihrem Sohn sehr entgegengekommen, ihm überhaupt Computerspiele zu erlauben, deshalb fand sie es angemessen, ihn immer wieder auf ihre negative Einschätzung hinzuweisen. Insofern zeigte sie sich in ihrem Erziehungsverhalten ambivalent: Sie gab zwar die Erlaubnis zum Spielen auf dem Computer, wertete es aber permanent ab. Ihre negativen Kommentare hatten nicht zur Folge, dass Friedrich sich vom Computerspielen abbringen lies, wie sie insgeheim hoffte. Als Reaktion auf ihre negativen Kommentare zog er sich innerlich zurück und berichtete ihr immer weniger von sich, zum Teil log er sogar, wenn er wusste, dass seine Mutter mit seinen Aktivitäten nicht einverstanden war.

# Mein Kind will nicht sprechen

Wenn Eltern das Gefühl haben, nicht an ihr Kind heranzukommen, es wortkarg und nicht mitteilungsfreudig ist, verfallen sie oft in den Reflex, stark zu »ziehen« – sie stellen dann oft eine Frage nach der andern, haben Angst vor Gesprächspausen und strengen sich wahnsinnig an, um das Kind zum Sprechen zu bringen. Es entwickelt sich dann jedoch eine Dynamik, die das Gegenteil von dem erreicht, was sich die Eltern wünschen. Mutter und/oder Vater bemühen sich immer mehr und fragen immer öfter nach, gleichzeitig zieht sich das Kind immer mehr zurück und gibt immer weniger von sich preis. Das Verhalten des Kindes ruft in den Eltern dann häufig Gefühle der Frustration oder Verärgerung hervor, tun Eltern diese dann kund, führt das zu einem weiteren Rückzug des Kindes.

Wie kann man diese frustrierende Dynamik durchbrechen?

In den beschriebenen Momenten ist ein Ungleichgewicht entstanden: Die Eltern wurden immer aktiver, das Kind immer passiver. Eine Möglichkeit, aus dieser Spirale des Ungleichgewichts auszubrechen, besteht darin, dass wir Eltern uns zurücknehmen. Durch immer mehr vom Gleichen (immer mehr Fragen an unser Kind) werden wir seine Grundbereitschaft zu kommunizieren nicht erhöhen. Merken wir, dass unser Gesprächsangebot wiederholt nicht angenommen wird, sollten wir aufhören, diese erfolglose Strategie weiterzuverfolgen. Wir können kein Gespräch erzwingen.

Was wir können, ist unseren Gesprächskurs zu ändern. Dabei kann es helfen, unserem Kind das Befinden, das wir bei ihm spüren, zurückzumelden.

»Ich spüre, dass du gerade keine Lust hast, mit mir zu reden.«
Und dann können wir abwarten, was passiert.

Gelingt es uns, diesen Satz nicht vorwurfsvoll oder beleidigt, sondern glaubwürdig empathisch zu sagen, besteht die Chance, dass unser Kind darauf nicht abweisend reagiert und möglicherweise etwas von sich preis gibt:

»Ja, ich hatte heute einen schrecklichen Tag und habe jetzt einfach keinen Bock zu reden.«

Das gibt uns die Möglichkeit, auf das einzugehen, was unser Kind tatsächlich beschäftigt:

»Du bist fertig, weil du einen schrecklichen Tag hattest.«

Vielleicht greift unser Kind diesen Satz auf und berichtet von seinem schrecklichen Tag:

»Ja, in Chemie habe ich nichts verstanden und die Klassenarbeit ist morgen.«

Darauf können wir dann eingehen:

»Oh, das macht dir großen Druck, richtig?«

Es kann sein, dass es bei seiner »Lass mich in Ruhe«-Haltung bleibt:

»Ja, und ich habe jetzt absolut keinen Bock, darüber zu reden.«

Dann können wir ihm Verständnis signalisieren:

»Das verstehe ich, du bist jetzt einfach nur genervt.«

Wenn Eltern es schaffen, den Rückzug des Kindes nicht als Angriff gegen sich selbst zu werten, sondern einfach als das Rückzugsbedürfnis des Kindes, strahlen sie Akzeptanz und Wärme aus. Die wirkt langfristig positiver als alle angestrengten Versuche, ein Gespräch zu befördern, auf das ein Kind keine Lust hat.

Auch wenn es nicht sprechen möchte, kann es unserem Kind trotzdem guttun, wenn wir mit ihm in Verbindung gehen – wir können beispielsweise ein gemeinsames Spiel oder einen Spaziergang anbieten. Wir signalisieren, dass wir, auch ohne ein Gespräch über seine Themen, interessiert an seiner Nähe sind. Manchmal kann sich dann ein Gespräch noch entwickeln, muss es aber nicht. Entscheidend ist, dass unser Kind unseren Rückhalt und unsere Nähe spürt, auch wenn diese nicht durch ein Gespräch entsteht, sondern einfach durch unsere Gegenwart.

## Zeitfenster mit Jugendlichen finden

Jugendliche entwickeln mehr Selbstständigkeit, wollen und müssen sich von den Eltern abnabeln und lassen sich oft nicht mehr so gut »eintakten«, wie wir uns das wünschen. Das heißt, unsere Idee, dass wir abends gern mit ihnen in Ruhe reden würden, kollidiert häufig mit ihren eigenen Plänen. Hier trägt unsere Bereitschaft zum Gespräch oft keine Früchte, denn die Bereitschaft zum Austausch unserer jugendlichen Kinder ist nicht mehr so planbar wie mit kleineren Kindern. Hinzu kommt, dass Jugendliche, auch wenn sie Zeit haben, nicht immer in der Stimmung für ein Gespräch sind – Stimmungsschwankungen, Rückzüge und Unausgeglichenheit gehören nun einmal zum typischen Teenagerdasein dazu. Außerdem gewinnen gleichaltrige Freunde immer mehr an Bedeutung für sie als Gesprächspartner, die Rolle der Eltern als Vertraute tritt dadurch entwicklungsbedingt etwas in den Hintergrund.

Für diese Altersgruppe ist unsere *Verfügbarkeit* der Schlüssel. Wir können in den meisten Fällen nicht wie früher Gesprächsrituale einplanen. Haben Rituale für kleinere Kinder eine stabilisierende und ordnende Funktion, die Sicherheit gibt, so fühlen Jugendliche sich durch Rituale oft in ihrer Freiheit eingegrenzt. Was wir tun können, ist Verfügbarkeit signalisieren, auch wenn die Tochter oder der Sohn im eigenen Reich und hinter verschlossenen Türen Beschäftigungen wie Computeraktivitäten, Chatten etc. nachgeht. Wenn Sie zu Hause sind, signalisieren Sie zum Beispiel: »Ich bin die nächsten zwei Stunden hier, und wenn du Lust auf einen Tee oder einen Spaziergang hast, sag Bescheid.« Durch dieses Angebot, das dem jugendlichen Bedürfnis nach Eigenständigkeit und Flexibilität nachkommt, haben wir größere Chancen, Zeit mit ihnen zu verbringen, als wenn wir sie auf einen Termin festlegen möchten. Und nimmt die Tochter oder der Sohn dieses Angebot dann an, sollte man diese kostbaren Momente nutzen und im wahrsten Sinne des Wortes alles stehen und liegen lassen, um die Chance für einen Austausch nicht zu verpassen. Natürlich heißt das für Eltern, dass sie mehr Zeit für mögliche Begegnungen einplanen müssen und oft »verfügbar« sind, ohne dass ihre Angebote angenommen werden. Keine Sorge! Diese anstrengenden Jahre gehen vorbei – und wenn Sie es geschafft haben, immer wieder Angebote für einen Austausch gemacht zu haben, werden Sie eine Verbindung zu Ihrem Kind aufrechterhalten haben.

Annika war eine sehr beschäftigte Ärztin und Mutter von drei Kindern. Ihre jüngste Tochter war eine Nachzüglerin und lebte ohne ihre Geschwister, die bereits zum Studium ausgezogen waren, mit ihren Eltern. Diese sehr organisierte Mutter war völlig erstaunt, dass sie zu diesem Teenager keinen richtigen Zugang fand. Immer wenn sie nach ihrer anstrengenden Arbeit Zeit für ein Gespräch hatte, hatte ihre Tochter andere Pläne oder einfach keine Lust darauf. Die Mutter wusste nicht, wie sie auf diese frustrierende Ablehnung reagieren sollte. Mal versuchte sie, Gespräche einzufordern, mal zog sie sich genervt zurück.

Schließlich entschied sie sich dafür, ihre Büroarbeit, die sie an ihrem freien Nachmittag in der Praxis erledigte, nach Hause zu verlegen und dort mehrere Stunden einfach verfügbar zu sein und ihrer Tochter zu signalisieren: »Ich bin hier, und wenn du Lust hast, trinken wir einen Kaffee zusammen und reden etwas.« Zunächst war die Mutter unsicher, ob sie diese unpraktische Arbeitsverlegung vornehmen sollte, wenn doch nicht sicher war, ob die Tochter Zeit und Lust für einen Austausch hätte. Doch sie wollte es wenigstens versuchen und breitete sich schon wenige Tage später mit ihren Arbeitsunterlagen im Wohnzimmer aus und signalisierte der Tochter, dass sie ihre Tätigkeit gern für ein Gespräch mit ihr unterbrechen würde. Dadurch dass die Tochter sich nicht auf einen bestimmten »Termin« mit der Mutter festlegen musste, sondern innerhalb eines Nachmittags flexibel bei ihr auftauchen konnte, nahm sie das Angebot gern an. Es ergaben sich an diesen Nachmittagen Gespräche, die Mutter und Tochter lange nicht mehr geführt hatten. Neben der zeitlichen Flexibilität, die den Jugendlichen entgegenkommt, bedeutet dieses Angebot der Verfügbarkeit von unserer Seite auch eine Wertschätzung. Die Jugendliche erzählte später, dass sie es schön fand, dass ihre Mutter sich extra Zeit für sie nahm und nur deshalb nach Hause kam. Sie selber hätte dieses Bedürfnis nach Zuwendung aber nie formuliert oder eingefordert, im Gegenteil, auf ihre Mutter wirkte es so, als hätte sie keine Lust auf Gespräche gehabt. Das hatte sie sehr wohl, nur nicht in den wenigen Zeitfenstern, die der Mutter gut in ihren anstrengenden Tagesablauf gepasst hätten.

## Wie wird man jedem Geschwisterkind gerecht?

Jedes Kind kommt mit einer Persönlichkeit auf die Welt, das eine ist zappeliger als das andere, ein Kind ist bedächtiger und langsamer in seinem Lebenstempo, eines redet wie ein Wasserfall, während sich das Schwesterchen vor Schüchternheit vor Fremden kaum etwas zu sagen traut. Häufig – aber nicht immer – wird die Dynamik unter den Geschwistern durch das Alter definiert: der oder die Älteste nehmen eine Position der Verantwortung ein, während dem oder den jüngeren Geschwistern häufig »leichtere« Rollen mit weniger Verantwortung zufallen. Dies spiegelt sich dann oft auch in der Redezeit der Kinder wider. Aufgrund ihres weiter entwickelten Sprachstandes reden die älteren Kinder in der Regel mit größerer Leichtigkeit. Auch werden sie als die Älteren von ihren Eltern häufig als Gesprächspartner ernster genommen, und so etabliert sich leicht eine Dynamik, in der ältere Geschwister mehr Redezeit einnehmen und jüngere Geschwister weniger Gelegenheiten haben, zu sprechen und sich auszudrücken. Die Dynamik kann sich dann dahin gehend verstärken, dass die jüngeren Geschwister sich zurückziehen, weil sie denken, ohnehin nicht mithalten zu können, und so immer weniger Möglichkeiten erhalten, in denen sie üben können, sich auszudrücken. So entstehen dann leicht Etiketten wie »das ruhige Kind«, das vielleicht eigentlich gar nicht ruhig wäre, wenn es denn mehr Gelegenheiten zum Sprechen erhielte.

So war es bei den Geschwistern Carla, Leo und Felix. Zwischen der ältesten Schwester und dem mittleren Bruder gab es einen Altersunterschied von vier, zwischen den beiden jüngeren einen Unterschied von zwei Jahren.

Carla war ein geborenes Sprachtalent, hatte Freude am Gespräch und eine hohe soziale Intelligenz, die sie befähigte, leicht mit anderen Menschen in Kontakt zu treten. Ihr jüngster Bruder war überdurchschnittlich intelligent, seine Sprachentwicklung war deutlich weiter entwickelt als die seiner Altersgenossen. Zwischen diesen beiden Geschwistern, die sich gut und mit Leichtigkeit ausdrückten, befand sich Leo, der ein ängstlich-schüchternes Temperament hatte und in der Regel nur redete, wenn er angesprochen wurde.

Seine Eltern waren besorgt über Leos Sprachentwicklung, häufig erklärte ihm sein jüngerer Bruder Begriffe, die er als älterer Bruder noch nicht kannte. Erlebte man Leo am Esstisch in Gemeinschaft, wirkte er regelmäßig in seine eigene Gedankenwelt zurückgezogen. Er hatte eine große und reiche Fantasie, lebte diese aber nur beim Spielen und wohl in seinen Gedanken aus, nicht aber in Gesprächen. Durch seinen Rückzug in seine Fantasiewelt bekam er häufig gar nicht mit, worüber geredet wurde, und war erst recht überfordert.

Der Vater entschied, sich eine Stunde in der Woche nur mit Leo zu unterhalten. Dies war in einem vollgepackten Alltag mit

Beruf und drei Kindern gar nicht einfach, dennoch bewerkstelligte er es, dies zu organisieren. In dieser Stunde konzentrierte er sich nur auf seinen mittleren Sohn und sprach mit ihm über Dinge, die Leo interessierten – Dinos, Münzen und Fantasiewesen. Erstaunt stellten Leos Eltern fest, dass ihr Sohn weder entwicklungsverzögert noch sprachgestört war, sondern einfach mehr Ruhe und Zuwendung benötigte, um sich mitzuteilen. Zwischen seinen redegewandten Geschwistern hatte er aufgegeben und sich zurückgezogen. In den Stunden allein mit seinem Vater sprach Leo viel und gern.

Schließlich führten die Eltern zu Beginn des gemeinsamen Familienabendessens Redezeiten ein, in denen jedes Familienmitglied zu Beginn des Essens etwas von seinem Tag erzählte. Auch dadurch erhielt Leo weitere Gelegenheiten, zu sprechen und sich mitzuteilen.

Wichtig ist es, Kindern, die sich nicht mit so großer Leichtigkeit ausdrücken, Raum zum Sprechen zu geben. So erproben sie sich und stellen fest, dass sie in der Lage sind, sich auszudrücken. Ziehen sie sich zurück und teilen sich nicht mit, können sie nicht erleben, dass sie durchaus fähig sind, sich auszudrücken. Irgendwann haftet ihnen dann das Etikett »Verträumt«, »Schüchtern« oder »Nicht sprachgewandt« an, und sie identifizieren sich selbst damit.

Was können Sie tun, um Geschwisterkindern, die weniger Redefreude an den Tag legen, mehr Raum für sprachlichen Ausdruck zu geben?

* Versuchen Sie »Allein-Zeiten« mit Ihrem Kind einzuführen, in denen Sie sich nur mit ihm unterhalten und es nicht von seinen Geschwistern übertönt wird. Motivieren Sie ihr Kind dazu, sich auszudrücken. Wählen Sie Themen, die ihm liegen und mit denen es sich gern befasst.
* Führen Sie Rituale ein, zum Beispiel während einer Familienmahlzeit, während derer jedes Familienmitglied Redezeit bekommt – jeder kann etwas von seinem Tag berichten, und so kommt jedes Kind zum Sprechen.
* Versuchen Sie, veränderte Familienkonstellationen zu nutzen: Wenn der große Bruder in der Musikschule oder bei einem Freund ist, können Sie sich dem kleinen Bruder oder der kleinen Schwester einzeln widmen.

Manchmal entsteht die Dynamik des Ungleichgewichts nicht aufgrund des Alters, sondern aufgrund der Persönlichkeit. Es kann durchaus sein, dass ein älteres Geschwisterkind deutlich schüchterner oder weniger sprachgewandt als das jüngere ist. Auch hier sollte dem Kind, das aufgrund seiner Persönlichkeitsstruktur weniger Sprechzeit einnimmt, gesondert Aufmerksamkeit gewidmet werden. Es ist wichtig, Kinder, die wenig reden, immer wieder anzusprechen und ihnen das Gefühl zu geben, dass ihr Beitrag wichtig und erwünscht ist. Nur so können sie sprachlich positive Erfahrungen sammeln und dahin gehend ein Selbstwertgefühl entwickeln.

# Kommunikation in Konfliktsituationen

Die schönsten Momente des Familienlebens sind die, in denen wir Innigkeit mit unseren Kindern erleben: Wir lachen gern mit ihnen, unternehmen gemeinsam etwas, unterhalten uns intensiv oder machen es uns miteinander gemütlich. Das sind Momente, die uns erfüllen und die Nähe zueinander schaffen.

Doch auch in den harmonischsten Familien kommt es manchmal zu Konflikten. Das Familiengefüge ist nun einmal eng, man teilt Alltag miteinander, in dem viele unterschiedliche Bedürfnisse und Vorstellungen miteinander abgeglichen werden müssen. Die Eltern stellen für gewöhnlich Regeln auf; dass dies zu Unstimmigkeiten führen kann, besonders wenn Kinder zu Jugendlichen werden, ist völlig normal und nachvollziehbar.

Sind die Wünsche und Bedürfnisse von Eltern und Kind nicht vereinbar, kann es schnell zu Streitigkeiten kommen. Es kann sein, dass wir eilig sind und zum Kindergarten aufbrechen möchten und unser Sohn aber noch mit seiner Ritterburg spielen möchte. Es kann sein, dass wir uns ärgern, weil unsere Tochter ihre Zusage wieder nicht gehalten hat, die Hausaufgaben vor der Verabredung mit ihrer Freundin zu erledigen, oder weil sie wieder einmal ihre Klamotten in der gesamten Wohnung verstreut hat. All das entspricht nicht unseren Bedürfnissen und Vorstellungen, wie Leben zu funktionieren hat, macht uns ärgerlich und sorgt für

Konfliktpotenzial. Unseren Kindern geht es genauso: Kleinere Kinder können aus dem Nichts Tobsuchtsanfälle bekommen, wenn man ihnen nicht den Spiderman kauft, den auch der Freund hat und den sie so toll finden, oder wenn sie noch auf der Schaukel schaukeln wollen, man selbst aber dringend losmöchte, weil man noch den Einkauf erledigen muss ... Auch sie verstehen nicht, warum Leben nicht funktionieren kann, wie sie es sich wünschen. Diese Alltagssituationen kennen wir alle. Schnell können Streitgefechte daraus entstehen, die manchmal nicht konstruktiv enden, hinterher fühlen sich alle verletzt. Und was ist am nächsten Tag? Der Kleine hat wieder ein Spiel begonnen, obwohl er zur Kita gehen soll, und der Schlafanzug der Großen liegt auf dem Boden herum ...

## Ärger-Formulierungen vermeiden

Wenn wir verärgert oder enttäuscht sind, neigen wir dazu, unseren Kindern mit Vorwürfen zu begegnen und Formulierungen zu verwenden, die unsachlich sind. Hierzu ein paar Beispiele, die vermutlich jeder von uns in ähnlicher Weise kennt:

### Verallgemeinerungen

Wir sind im Gespräch mit einer Nachbarin, die wir nicht oft sehen und mit der wir etwas besprechen müssen, der achtjährige Sohn jedoch möchte gerade in diesem Moment ganz dringend etwas zu trinken haben. Um unsere Aufmerksamkeit zu erlangen, zupft er an unserem Ärmel. Als wir nicht reagieren, unterbricht er unser

Gespräch. Genervt zischen wir: »Kannst du nicht mal warten? *Immer* unterbrichst du mich!«

In Situationen, in denen wir unzufrieden mit dem Verhalten unseres Kindes sind, neigen wir zu Verallgemeinerungen – *immer; andauernd; ständig.*

Wirkungsvoller kommunizieren wir, wenn wir uns auf das spezifische Verhalten in der konkreten Situation konzentrieren. Statt unsachlich zu verallgemeinern, sollten wir unserem Kind erklären, was wir jetzt brauchen und was wir von ihm erwarten:

»Ich möchte gern aussprechen, warte bitte, bis ich fertig gesprochen habe.«

## Übertreibungen

Manchmal, wenn wir gerade besonders angestrengt oder belastet sind und unsere Toleranz einfach nicht mehr so groß ist, übertreiben wir mit dem, was wir unserem Kind mitteilen. Fällt unserem Sohn mal wieder ein Glas aus der Hand und es zersplittert, kann es passieren, dass wir ihn »anschnauzen«:

»Ach, Mensch, du kriegst ja wirklich alles kaputt!«

Je mehr wir jedoch verallgemeinern und übertreiben, desto »immuner« reagiert unser Kind auf unsere Vorwürfe. Aufgrund übertriebener Vorhaltungen lassen sich keine konstruktiven Verhaltensänderungen ableiten. Das Kind fühlt sich einfach nur frustriert und abgewertet, erhält aber keine Anleitung, wie es sich besser verhalten könnte. Auch hier ist es wirkungsvoller, auf das konkrete Verhalten in der spezifischen Situation einzugehen und zu kommunizieren, welches Verhalten man sich von seinem Kind wünscht.

»Bitte trag nur ein Glas in der Hand, dann fällt dir beim nächsten Mal bestimmt nichts runter.«

## Beleidigungen

Wenn wir sehr schlecht drauf sind, rutschen uns auch mal Beleidigungen raus. Bekommt die vierjährige Tochter einen lauten Wutanfall, weil wir ihr nicht die Puppe kaufen, die sie im Schaufenster des Spielzeugladens gesehen hat, kann es sein, dass wir sie beleidigen:

»Du bist eine unmögliche Nervensäge!«

Auf Beleidigungen reagieren die meisten Kinder entweder mit Rückzug und Traurigkeit oder mit Wut und Widerstand, genau wie wir Erwachsenen auch. Dem Ziel einer Einsicht und konstruktiven Verhaltensänderung bei unserem Kind kommen wir dadurch nicht näher. Besser, wir formulieren, was wir uns für ein Verhalten wünschen. In einer Situation, in der unser Kind starke Gefühle wie Wut zeigt, hilft es zudem, wenn wir das Gefühl unseres Kindes spiegeln:

»Ich kann verstehen, dass du wütend bist, weil du die Puppe nicht bekommst. Aber ich bekomme Kopfschmerzen von dem Schreien und möchte, dass du ruhiger sprichst.«

## Ich-Botschaften verwenden

Wichtig ist es, in Situationen, in denen wir uns durch das Verhalten unserer Kinder in unseren Bedürfnissen gestört fühlen, »Ich-Botschaften« zu senden. Thomas Gordon erläutert in seinem

Klassiker »Familienkonferenz« anschaulich den Unterschied zwischen Du- und Ich-Botschaften.

Du-Botschaften bewerten das Kind:
»Du bist so unordentlich!«
»Du kommst immer so spät …«
»Du bist eine Nervensäge.«

Mit Ich-Botschaften hingegen übermitteln wir unsere Empfindungen, die wir in der Situation verspüren. Bei Ich-Botschaften sprechen wir von uns, von dem, was uns belastet, von dem, was wir fühlen. Dadurch lassen wir unser Kind an unseren Empfindungen teilhaben, was ihr Verständnis befördern kann. Durch Ich-Botschaften verfallen wir nicht in den Reflex des Vorwurfs, der das Kind kränkt und dadurch eine abwehrende Haltung bei ihm befördert.

Also nicht: »Du bist so unordentlich!«
Sondern: »Mich stört die Unordnung.«
Also nicht: »Du kommst immer so spät …«
Sondern: »Ich mache mir Sorgen, wenn du zu spät kommst.«
Also nicht: »Du bist eine Nervensäge.«
Sondern: »Ich bin gerade sehr müde und brauche etwas Ruhe.«

Mit Du-Botschaften setzen wir Kinder herab und signalisieren, dass etwas an ihnen schlecht ist. Wir übermitteln nicht direkt, was wir empfinden und was mit uns los ist. Mit Ich-Botschaften hingegen erklären wir, welche Wirkung das Verhalten unseres

Kindes auf uns hat, indem wir unsere Empfindungen äußern. Hierauf fällt es Kindern leichter, konstruktiv zu reagieren.

## Perspektivwechsel

Es ist oft hilfreich zu einem späteren Zeitpunkt, wenn sich die Wogen etwas geglättet haben, die konfliktreiche Angelegenheit noch einmal liebevoll mit etwas Abstand zu besprechen und zu erklären, weshalb man sich von seinem Kind ein anderes Verhalten wünscht. Kinder fühlen sich ernst genommen, wenn man ihnen Sachverhalte auf Augenhöhe erklärt, und zeigen sich dann oft auch einsichtig. Dies darf nicht ein »Nachtreten« oder ein unverzeihliches Gespräch sein, in dem man noch einmal Vorwürfe aufrollt. Es geht darum, dass wir uns in einem entspannten Moment Zeit nehmen und unserem Kind erklären, wie es uns geht, wenn wir uns durch Schreien, Türenknallen, Unordnung oder andere Verhaltensweisen in unseren Bedürfnissen nach Ruhe, Harmonie und Ordnung gestört fühlen. Damit unsere Kinder besser verstehen, was wir meinen, kann es helfen, sie um einen Perspektivwechsel zu bitten, also danach zu fragen, ob sie sich auch schon einmal so gefühlt haben, wie wir selbst in der Situation. Zu einem Perspektivwechsel sind Kinder zumindest teilweise ab etwa vier Jahren fähig.

»Weißt du, ich spreche unsere Nachbarin Lina nicht so oft, und ich musste heute Mittag etwas Wichtiges mit ihr besprechen. Ich kann mich nicht konzentrieren, wenn du mich im Gespräch unterbrichst, und dann ärgere ich mich auch über mich selbst. Kannst du dir vorstellen, wie sich das anfühlt? Man fängt an zu reden und kommt mit seinem Gedanken einfach nicht weiter. Dann wird man sauer. Hast du es schon einmal erlebt, dass dich jemand andauernd unterbricht?«

Mit kleineren Kindern lassen sich solche Perspektivwechsel auch gut mithilfe von Geschichten gestalten. Während man gemeinsam ein Bilderbuch betrachtet, in dem sich beispielsweise ein Charakter wütend benimmt, kann man ausführlich besprechen, wie sich die andere Person fühlt, die der Wut ausgeliefert ist.

Konfliktsituationen sind für alle Beteiligten emotional herausfordernde Momente, in denen durch Überforderung die Kommunikation leicht entgleiten kann. Selbst viele Erwachsene haben in ihrem Leben nicht gelernt, sachlich und höflich in Konflikten zu kommunizieren. Sie werden entweder aggressiv, sprechen unangemessen vorwurfsvoll, sarkastisch oder aber verhalten sich dem Gegenteil entsprechend und formulieren ihre verletzten Bedürfnisse gar nicht, da sie Angst vor der Reaktion ihres Gegenübers haben. Erleben unsere Kinder durch uns ein positives Vorbild für solche Situationen, hilft ihnen dies, in Konflikten nicht »auszurasten« oder sich beleidigt zurückzuziehen, sondern klar zu kommunizieren.

## Auf unser Kind eingehen statt »Ansagen« machen

Streit zwischen Eltern und Kindern entsteht dann, wenn die Eltern etwas anderes als die Kinder wollen. Werden diese unterschiedlichen Vorstellungen offensichtlich, neigen wir Eltern dazu,

»Ansagen« zu machen – wir geben vor, was zu tun ist. Leider ruft diese Art und Weise zu kommunizieren beim Gegenüber Widerstand hervor und Streit ist vorprogrammiert.

Kinder reagieren kooperativer, wenn wir versuchen, sie zu verstehen und auf sie einzugehen, ihre Empfindungen zu spiegeln und nicht nur »Ansagen« zu machen. Sie fühlen sich dann in ihren Wünschen und Bedürfnissen ernst genommen.

Stellen Sie sich die Situation vor, dass die vierjährige Tochter an einem sonnigen, aber kalten Frühlingstag freudestrahlend auf ihre neuen Sandalen zeigt und sagt:

»Mit denen gehe ich heute zum Kindergarten!«

Die Mutter antwortet, ohne zu zögern, im nachvollziehbar organisierten Alltagsmodus:

»Mit den Schuhen kannst du nicht los, zieh die Stiefel an, wir müssen los!«

Wie wird das Kind reagieren? Genau, Widerstand ist wahrscheinlich, eventuell fließen auch Tränen, denn mit dieser Ansage ist die Mutter überhaupt nicht auf die Empfindungen der Tochter eingegangen, die Kleine fühlt sich völlig unverstanden.

Wenn wir uns jedoch zum Kind herunterbeugen und ihm zurückmelden, was wir verstehen, signalisieren wir zugleich, dass wir es und seine Empfindungen ernst nehmen:

»Du freust dich sehr über deine schicken Sandalen, richtig?« – Damit zeigen wir ihr, dass wir ihre Freude wahrnehmen, sie fühlt sich verstanden und kann weiter ausführen:

»Ja, sie sind so schick und passen so schön zu meinem Rock heute.«

Daraufhin können wir ihr einen Vorschlag machen, den wir nicht nur »ansagen«, sondern erklären:

»Da es heute noch kalt ist, würdest du dich erkälten mit den schönen Sandalen, es sind ja deine Schuhe für den Sommer. Was hältst du davon, wenn du die Stiefel für den Weg und zum draußen Spielen anziehst und die Sandalen in den Kindergarten mitnimmst und drinnen anziehst. Sie passen tatsächlich sehr gut zu deinem Rock und sehen wirklich hübsch aus.«

Dies wirkt auf den ersten Blick zeitaufwendiger, ist es aber sicher nicht, denn bis unser Kind sich nach unserer stringenten »Ansage« wieder beruhigt hat, werden sicherlich auch einige Minuten vergehen, und die Auseinandersetzung wird uns Kraft und Nerven kosten.

## Freiwilligkeit fördert Kooperation

Wir wissen es von uns selbst: Wenn wir in der Lage sind, uns frei zu entscheiden, und nicht zu etwas gezwungen werden, sind wir eher bereit, auf die Bedürfnisse unseres Gesprächspartners einzugehen und seinen Wünschen nachzukommen.

Kinder funktionieren genauso. Ihre Kooperation beruht auf Freiwilligkeit. Sind sie frei, eigene Ideen in den Entscheidungsprozess mit einzubringen, zeigen sie sich in der Regel kooperativer. So kann es helfen, dem zehnjährigen Sohn zu überlassen, wann am Nachmittag er die Hausaufgaben machen möchte, anstatt von ihm zu fordern, dass er sie als Erstes vor dem Spielen zu erledigen hat.

Bei typischen Eltern-Kind-Konflikten kommt es dem kindlichen Bedürfnis der Selbstbestimmtheit entgegen, wenn sie sich mit ihren Ideen in den Lösungsprozess einbringen können.

Der zwölfjährige Nick und seine Eltern befanden sich in einem der typischen Eltern-Kind-Konflikte. Seine Eltern wollten, dass er aufgrund seiner hohen musikalischen Begabung seinen seit drei Jahren bestehenden Klavierunterricht fortsetzte. Er hatte keine Lust mehr darauf, war genervt von seiner Klavierlehrerin und fühlte sich nicht wohl in der Unterrichtssituation. Das Angebot seiner Mutter, es mit einer neuen Lehrerin zu versuchen, wollte er nicht annehmen. Über mehrere Wochen kam es deshalb immer wieder zu Streitgesprächen zwischen ihm und seinen Eltern. Sein Vater warf ihm vor, »nichts durchzuziehen«. Für ihn wurde diese Entscheidung – Unterricht aufhören oder weitermachen – zur Grundsatzfrage. Je grundsätzlicher sein Vater argumentierte, desto sturer und abweisender wurde Nick. Irgendwann fragte die Mutter Nick, eigentlich mehr aus Verzweiflung als in der Hoffnung auf einen konstruktiven Vorschlag:

»Na, was schlägst du denn vor?«

Ohne Umschweife unterbreitete ihr Sohn ihr daraufhin den Vorschlag, sich selber Klavierstücke mithilfe von YouTube-Unterrichtsvideos beizubringen. Er schlug vor, dass er sich jeden Monat ein neues Stück vornahm, es übte und es dann seinen Eltern vorspielte. Obwohl dies überhaupt nicht den klassischen Vorstellungen der Eltern eines fundierten Klavierunterrichts entsprach, nahmen sie den Vorschlag an. Und er funktionierte gut: Nick übte mehr und leidenschaftlicher, als er es zuvor mit seiner Lehrerin getan hatte – und vor allem: Er hatte Freude an seinem Spiel.

Nicht alle Vorschläge unserer Kinder können so erfolgreich umgesetzt werden. Dennoch ist es für Kinder wichtig, in Entscheidungen mit eigenen Vorstellungen einbezogen zu werden. Dazu schreibt der Familientherapeut Jesper Juul in seinem Buch *Elterncoaching. Gelassen erziehen*: »Kinder wollen nichts lieber, als ihren Eltern Freude zu machen und zu erleben, dass sie ihnen wertvoll sind. Deshalb ist es ratsam, sie um Hilfe zu bitten. ›Jetzt weiß ich nicht, was ich tun soll. Ich verstehe, dass du einen kindergartenfreien Tag haben willst, ich muss aber arbeiten gehen. Kannst du mir helfen.‹« Juul schreibt weiter: »Manchmal haben die Kinder eine Lösung, manchmal nicht, aber der Konflikt wird immer abgeschwächt, wenn das Kind erlebt, dass es ernst genommen wird.«[11]

## Streitfalle – nicht bei einem Thema bleiben

Eine Streitfalle, in die wir tappen können, ist, sich als Eltern in Streitgesprächen nicht auf den Auslöser des Streits, also auf ein Streitthema, zu beschränken, sondern in der wütenden Emotionalität alles, worüber man sich so in der letzten Zeit geärgert hat, in einen riesigen »Vorwurfsbrei« zu rühren und das Kind regelrecht damit zu überschütten. Wichtig ist es, sich in Konfliktgesprächen auf ein Thema zu konzentrieren und zu versuchen, dieses konstruktiv zu besprechen. Tappen wir in die Falle, unser Kind mit Vorwürfen zu überhäufen, rückt eine Lösung des Konflikts in die Ferne.

Jannis, ein überdurchschnittlich intelligenter und in seinem Sozialverhalten sehr auffälliger 15-jähriger Junge – er schwänzte die Schule, log seine Eltern an, mobbte einen Gleichaltrigen –, geriet dadurch immer wieder mit seinen Eltern aneinander.

Hatte Jannis mal wieder »Mist« gebaut, bemühten sich die Eltern, ihm in Gesprächen sein Fehlverhalten und die Konsequenzen zu erläutern. Dies begann meist ruhig und bemüht sachlich, zeigte Jannis sich jedoch nicht einsichtig, wurde das Gespräch schnell emotionaler. Häufig entwickelten sich die Gespräche dann zu Streitgesprächen, in deren Verlauf, insbesondere die Mutter dem Sohn alle seine »Schandtaten« des letzten Jahres auflistete. Sie fühlte sich durch die Regelverstöße ihres Sohnes persönlich so angegriffen, dass sie nicht mehr in der Lage war, Konfliktthemen einzeln und sachlich zu behandeln. Alles vermischte sich aufgrund ihrer riesigen Enttäuschung mit allem, und ein konstruktives Eingehen auf einzelne Themen war schwierig, wenn nicht sogar unmöglich. Jannis zog sich innerlich immer mehr zurück, konkrete Änderungsvorschläge oder auch Konsequenzen wurden in diesen sehr emotionalen und aus Vorwürfen bestehenden Streitgesprächen nicht entwickelt.

Wenn wir spüren, dass uns das Fehlverhalten unserer Kinder derart in Gefühlsstürme bringt, sollten wir dringend erst einmal Abstand suchen, um die Themen in uns sortieren zu können: Was an der Situation macht uns persönlich so betroffen, warum reagieren wir so emotional, also, womit sollten wir uns selbst auseinandersetzen? Wie kann ich mit dem Sohn oder der Tochter in ein konstruktives Gespräch kommen, welche Maßnahmen können helfen? Wissen Eltern einfach nicht mehr weiter, kann auch eine Erziehungsberatung oder ein Elterncoach neue Lösungsimpulse geben.

## Den Entwicklungsstand der Kinder berücksichtigen

Kinder benehmen sich oft aus Unwissenheit »daneben«. Sie wissen noch nicht, dass sie bestimmte Dinge aufgrund ihres Entwicklungsstandes nicht verstehen können. Dies stellt man als Erwachsener erst in der Retrospektive fest.

Michael, ein sehr reflektierter Vater einer ängstlichen sechsjährigen Tochter, erinnerte sich an einige Situationen seiner frühen Kindheit, in denen seine Mutter sehr böse auf ihn gewesen war. Situationen, in denen er sich als kleines Kind gar nicht bewusst gewesen war, dass er etwas »Falsches« gemacht hatte. Zum Beispiel, wenn er auf den Teppich ein Blatt Papier legte und mit Filzstiften darauf malte. Dass die Stifte durch das Papier durchdrückten und der Teppich hinterher aus Versehen bemalt war, stellte er erst fest, als seine Mutter ihn deshalb sehr ausschimpfte. Es hatte dem knapp dreijährigen Jungen, der er damals war, eben vorher nie jemand erklärt, dass man mit Filzstiften auf dem Teppich aufpassen müsste. Die Wut der Mutter über sein Fehlverhalten empfand er im Nachhinein als unverhältnismäßig und unangemessen und wie gegen einen ebenbürtigen Erwachsenen gerichtet, der er damals eben nicht war. Michael bemühte sich sehr, seiner eigenen Tochter gegenüber ein anderes Verhalten in Konfliktsituationen an den Tag zu legen und auch den Entwicklungsstand und das in vielen Dingen vorhandene Nichtwissen seiner Tochter zu berücksichtigen. So zeigte er sich beispielsweise bewusst geduldig, wenn seine Tochter morgens, statt sich flott für den Kindergarten anzuziehen, dem Gewitter draußen zusah oder wenn sie beim gemeinsamen Backen aus Versehen die Mehltüte vom Küchentisch stieß und beide in einer Mehlwolke standen. Seine eigene Mutter hatte bei solchen Trödeleien oder Missgeschicken immer sehr streng und ungeduldig reagiert. Er hatte sich vorgenommen, dass er sich genau so nicht verhalten wollte. Mit dieser Haltung schaffte er es sogar, gemeinsam mit seiner Tochter über das Backchaos und den vom schneeweißen Mehl bedeckten Küchenboden zu lachen.

## Sich selbst eine Auszeit nehmen

Manchmal nützen auch die besten Vorsätze nichts, und ein Streitgespräch droht zu eskalieren. Hat sich ein Streitgespräch erst einmal entwickelt, und wir spüren Wut in uns aufsteigen, sollten wir bei den ersten Anzeichen dieser Gefühle die Notbremse ziehen und uns aus der Situation entfernen. Indem wir die Situation verlassen und nicht unser Kind wegschicken, behalten wir die Kontrolle über die Situation. Versuchen wir, unser Kind, mit dem wir uns gerade in einem sich steigernden Wortgefecht befanden, aus dem Raum zu schicken, und es weigert sich, dies zu tun, kann die Situation bei der angespannten Gefühlslage leicht eskalieren. Deshalb ist es besser, wenn wir den Raum verlassen und uns eine Auszeit zugestehen. Es ist auch gut, dies dem Kind, mit der Ankündigung, das Gespräch später fortzusetzen, zu kommunizieren. So versteht es, dass wir uns nicht entziehen, sondern bewusst das Setting verlassen, ohne mit dem Streitthema abgeschlossen zu haben. Wir entscheiden, eine Pause einzulegen, bis die Gefühle sich etwas beruhigt haben:

»Ich bin gerade sehr verärgert und brauche etwas Luft. Ich gehe deshalb jetzt mal raus und wir sprechen später weiter.«

Wenn es uns gelingt, die sich eskalierende Situation rechtzeitig, das heißt vor einem emotionalen Ausbruch, zu verlassen, haben wir bereits viel geschafft.

Bewusstes Atmen kann auch helfen – mehrere Male tiefes Ein- und Ausatmen etwa. Wenn wir beim Einatmen bis drei, beim Ausatmen bis vier zählen, kann es gelingen, einen beruhigenden Rhythmus zu finden. In diesem Moment sollten wir uns auf nichts anderes als die Atmung konzentrieren. Bewusst tief und ruhig zu atmen und sich lediglich darauf zu konzentrieren, ist eine sehr effektive Maßnahme zur Beruhigung von heftigen Gefühlen. Sind diese erst einmal etwas abgeklungen, kann es helfen, eine Runde um den Block oder auf den Balkon zu gehen oder einer anderen Tätigkeit nachzugehen, bis unsere Gedanken wieder gut sortiert sind und wir nicht von unseren heftigen Emotionen geleitet werden.

Wenn wir wütend und verärgert sind, wollen wir die Dinge schnell klären, wir wollen unseren Emotionen direkt »Luft« machen, um den inneren Druck der Verärgerung abzubauen. Ist unsere Wut stark, so sind wir nicht in der Lage, unsere Gefühle sachlich zu kommunizieren, sondern neigen zu einem heftigeren Ausbruch – Schreien, Verallgemeinern, Übertreiben, Beleidigen. Es fühlt sich zunächst erleichternd an, »Dampf« abzulassen, der Situation ist dies Verhalten jedoch nicht dienlich. Es mag sein, dass wir unser Kind damit einschüchtern und es deshalb »gehorcht« – eine Verhaltensänderung durch Einsicht und Akzeptanz erzielen wir nicht, dem Selbstwertgefühl unseres Kindes schaden wir durch unser Verhalten, und unsere Bindung zu unserem Kind fördert es auch nicht. Wenn wir es also schaffen, uns und unserem Kind in solch einer Situation Zeit und Aufschub zu gönnen, einen Schritt zurückzugehen und uns selber aus der Situation zu entfernen, geben wir uns die Chance, das Streitthema erneut und in einer ruhigeren, sachlichen und somit konstruktiven Art aufzunehmen.

Stefanie, alleinerziehende Mutter des sehr unruhigen fünfjährigen Tom und seiner dreijährigen Schwester Jessica, erlebte fast täglich nervenaufreibende Situationen, wenn sie ihren Sohn ins Bett bringen wollte. Er kam ihren Aufforderungen nach Zähneputzen und Schlafanzuganziehen nicht nach, trödelte rum und blödelte mit seiner kleinen Schwester, die die Mutter ebenfalls bettfertig zu machen versuchte.

Sie hatte mehrfach versucht, ihrem Sohn »time out« zu geben und ihn allein in die Küche zu schicken. Da er ihr, meist völlig überdreht, nicht folgte, eskalierte die Situation, und sie schrie Tom regelmäßig an, und der Abend endete meist mit Tränen aufseiten von Mutter und Kind. Sie litt sehr darunter, dass sie es abends nicht schaffte, schöne Abendrituale zu gestalten, wie zum Beispiel, ihrem Sohn eine Gutenachtgeschichte vorzulesen. Meist scheiterte dies, da die Abende immer in heftigem Streit eskalierten.

Da die Mutter merkte, dass sie überfordert damit war, beide Kinder gleichzeitig für das Bett fertig machen zu wollen, änderte sie ihre Gewohnheiten und brachte zunächst die jüngere Schwester ins Bett, während der ältere Bruder eine Kindersendung im Fernsehen sehen durfte. Dann widmete sie sich allein dem größeren Bruder und schenkte ihm ihre ungeteilte Aufmerksamkeit, wodurch er sich besser auf sie konzentrieren konnte. Dies entspannte die Situation bereits, da er nun besser den Anweisungen der Mutter folgen konnte. Wurde dies doch mal wieder schwierig für den kleinen Jungen, und die Mutter spürte Wut in sich aufsteigen, gab sie sich selber eine Auszeit, erlaubte ihrem Sohn, noch etwas in seinem Zimmer zu spielen, und zog sich für einige Minuten in die Küche zurück. Sie erklärte ihm, bevor sie aus dem Zimmer ging: »Tom, so klappt das Insbettgehen nicht. Ich bin jetzt gerade sehr angestrengt und mache eine kleine Pause in der Küche. Du beschäftigst dich fünf Minuten allein in deinem Zimmer und dann versuchen wir es noch einmal etwas ruhiger.« In der Küche atmete sie tief ein und aus, sprach einige selbstwertstärkende Sätze zu sich (»Ich schaffe das. Ich bleibe ruhig.«) und ging nach einigen Minuten wieder in das Kinderzimmer ihres Sohnes zurück, der sich meist durch das Alleinsein schon etwas »runtergefahren«

hatte. Sie bewältigte somit diese für sie sehr anstrengenden Situationen ohne Schreien und Aggressionen. Nun war sie auch in der Lage, vor dem Einschlafen schöne Momente zu gestalten, ihm eine Geschichte vorzulesen oder noch über besondere Erlebnisse des Tages zu sprechen. Sie fühlte sich in der Konsequenz sehr erleichtert. Nicht nur zeigte ihr Sohn durch die veränderte Gestaltung der Situation ein kooperativeres und weniger aufgedrehtes Verhalten, vor allem aber war sie mit sich und ihrem eigenen Verhalten zufriedener und war von ihrem schlechten Gewissen über ihre regelmäßigen Wutausbrüche befreit.

## Codewörter

Bewährt hat sich auch das Vereinbaren eines gemeinsamen »Codewortes«. Wenn Streitgespräche zu eskalieren drohen, gibt es die Möglichkeit, ein vorher vereinbartes »Codewort« anzuwenden, um Wutausbrüche und Anschreien zu verhindern: Sollten entweder die Eltern oder das Kind diesen Code nennen, sollten beide Seiten bereit sein, das Konfliktgespräch für einen Moment ruhen zu lassen. Dies ist insbesondere hilfreich in Situationen, die man nicht verlassen kann, zum Beispiel, wenn man gemeinsam in einem Auto fährt. Mit dem Nennen des Codeworts wird für einen Moment sozusagen eine »Sendepause« vereinbart. Nicht mit dem Ansinnen, das Thema unbesprochen zu lassen, sondern als Pause, in der sich alle Seiten beruhigen können und nach der man emotional beruhigter wieder anknüpfen kann. Man kann ein völlig absurdes, lustiges oder ein Fantasiewort wählen, das möglicherweise durch die Wortwahl schon etwas Aufheiterung in die Situation bringt (ein Junge hatte sich das Codewort »Pfannkuchen« überlegt, und er und seine Mutter mussten beide lachen, wenn er es mitten im Streit ausrief). Wichtig ist, dass beide Seiten sich an die Verabredung der Streitpause halten und die Verbindlichkeit dieses Abkommens dem Kind erklärt wird. Man kann die Wichtigkeit dieser »Streitvereinbarung« auch durch einen kleinen selbst geschriebenen und gestalteten Vertrag unterstreichen.

## Entschuldigungen

Wir alle sind nicht als perfekte Eltern geboren, und jedem von uns kann es passieren, dass es uns nicht gelingt, uns angemessen zu verhalten. Der Streit kann eskalieren, und wir werden aggressiv, schimpfen, werden auch mal lauter. In jedem Fall ist es wichtig, sich nach unangemessenem Verhalten bei unserem Kind dafür zu entschuldigen.

»Hör mal, Linus, ich bin vorhin laut geworden und habe übertrieben. Natürlich fängst du nicht immer Streit mit deinem Bruder an, manchmal fängt auch er an. Heute hast du angefangen, und weil es eigentlich so ein entspannter Nachmittag hätte sein können, auf den ich mich gefreut hatte, habe ich mich sehr über dein Verhalten geärgert. Es tut mir aber leid, dass ich laut geworden bin und übertrieben habe.«

Kinder lernen dadurch, dass unangemessenes Verhalten (leider) auch bei Erwachsenen vorkommen kann, dass man es aber erkennen und benennen kann, dass man sich in die Verletzung des anderen einfühlt und die Verantwortung für sein Verhalten übernimmt. Entschuldigungen von Erwachsenen an Kinder werden von den Erwachsenen häufig als Zeichen der Schwäche und somit als Autoritätsverlust interpretiert und in der Konsequenz vermieden. Das Gegenteil ist jedoch der Fall: Eine Entschuldigung bedeutet Selbstreflexion, Empathie und Verantwortung und außerdem eine Kommunikation mit unserem Kind auf Augenhöhe. Kommunizieren wir empathisch mit unserem Kind, ist es geneigt, dies auch für sich zu übernehmen.

## Einen Streit wirklich beenden

Für manche Eltern ist es eine große emotionale Herausforderung, nach einem durchlebten Streit mit ihren Kindern wieder ohne Vorwurf auf sie zuzugehen. Aufgrund der tiefen persönlichen Kränkung, die sie empfinden, können sie nach dem Streit nicht wieder in eine emotional ausgeglichene und zugewandte Beziehung zurückkehren.

Auch wenn es uns schwerfällt, sollten wir behutsam darauf achten, unsere Kinder nicht mit Liebesentzug zu strafen. Besonders schwierig ist es für Kinder, wenn die immer noch wütende Mutter oder der immer noch wütende Vater nicht mit ihm reden und es mit Nichtbeachtung strafen. Die Beziehung ist in dieser Zeit von emotionaler Kälte geprägt. Dies kann sich manchmal über Tage hinziehen. Aufgrund ihrer eigenen sehr starken und unangenehmen Gefühle wird sich die wütende Mutter oder der verärgerte Vater der Kränkung des Kindes womöglich nicht bewusst. Doch Eltern sollten sich klarmachen, dass dieses emotional unangemessene Erziehungsverhalten langfristig das Beziehungsverhalten des Kindes schädigt, da ein Kind in der Regel alles tut, um die Liebe der Eltern wiederzuerlangen. Es wird häufig eine große Harmoniebedürftigkeit entwickeln und dementsprechend alle seine Bedürfnisse dem Bedürfnis nach Harmonie unterordnen.

Durch Liebesentzug lernen Kinder, dass sie nur geliebt werden, wenn sie sich so benehmen, wie ihre Eltern es wünschen. Verhalten sie sich nicht den elterlichen Wünschen entsprechend, wird das für diese Kinder zu einem Drama, denn es bedeutet für sie abweisendes elterliches Verhalten. Sie lernen, dass sie nicht bedingungslos geliebt werden, sondern nur, wenn sie »perfekt« sind.

Daniel war ein überdurchschnittlich intelligenter achtjähriger Junge. Er neigte zu Wutanfällen und aufbrausendem Verhalten und tat sich schwer, Regeln zu befolgen. Sein Vater ärgerte sich häufig über ihn, und es entwickelten sich oft Streitsituationen, in denen Vater und Sohn aneinandergerieten. Nachdem der Streit üblicherweise beendet war und der Vater auch entsprechende Konsequenzen für das Verhalten seines Sohnes, wie zeitweiliges Fernsehverbot, umgesetzt hatte, »schmollte« er noch mehrere Tage, wie die Mutter von Daniel es nannte. Der Vater sprach nicht mit seinem Sohn, sah ihn nicht an, tat so, als sei er Luft. Im Übrigen behandelte er auch seine Frau nach Streitsituationen in derselben Art und Weise. Sowohl Mutter als auch Sohn litten unter dieser Art, und letztendlich wurde der Vater erst wieder versöhnlich, wenn sich seine Familienmitglieder etliche Male bei ihm entschuldigt hatten – manchmal auch für Dinge, für die sie sich gar nicht verantwortlich fühlten, nur um ihn wieder aus seiner »Schmollecke« herauszuholen. Auf die Bitten seiner Frau, sein Verhalten doch wenigstens dem Sohn gegenüber zu verändern, ging der Vater nicht ein. Interessanterweise hatte der Vater des Vaters, also der Großvater von Daniel, in derselben Art und Weise auf Streitigkeiten reagiert, unter der der Vater als Kind selbst auch gelitten hatte. Dennoch war er als Erwachsener einfach nicht in der Lage, sein Verhalten zu verändern, um seinem Sohn das zu ersparen, was er selbst erlitten hatte.

Wichtig und schön ist es, einen Streit explizit verbal zu beenden. Irgendwann ist alles ausgetauscht. Dann ist auch der Punkt, an dem man als Eltern den Streit beenden und ein »offizielles« Friedensangebot machen kann:

»Ich habe mich über dein Verhalten sehr geärgert und habe dir auch erklärt warum. Ich kann auch verstehen, dass du enttäuscht warst, dass es mit unserem Ausflug nicht so geklappt hat, wie geplant. Trotzdem wünsche ich mir, dass du dich, auch wenn du enttäuscht bist, in Zukunft rücksichtsvoller verhältst und deine Wut nicht an deiner Schwester auslässt und sie anrempelst oder anschreist. Wenn du das auch möchtest, dann lass uns uns jetzt wieder vertragen.«

Man kann sich dazu feierlich die Hand reichen oder auch in den Arm nehmen. Und ab diesem Zeitpunkt sollte es wieder »gut« sein. Natürlich können wir nicht auf Kommando den Schalter auf »nicht verärgert« umlegen, aber wir sollten immer im Kopf behalten, dass wir Kinder, die noch nicht vollständig entwickelt sind, vor uns haben. Es ist unsere Verantwortung, sie zu erziehen, ihnen beizubringen, was wir als richtig und was als falsch empfinden, und dies auf eine liebevolle Art und Weise, die Wachstum, Vertrauen und Entwicklung begünstigt. Das können wir, indem wir das Verhalten unserer Kinder in Perspektive rücken. Wir sollten es nicht als persönliche Verletzung wahrnehmen, wenn sie sich danebenbenehmen, sondern als ihre ungelenke Art, ein nicht erfülltes Bedürfnis zum Ausdruck zu bringen. In dem nachfolgenden Kapitel über die gewaltfreie Kommunikation wird erläutert, wie wir auf unerfüllte Bedürfnisse unserer Kinder eingehen können.

# Von Wölfen und Giraffen – gewaltfreie Kommunikation

In der Regel gibt es zwei Sorten von Konflikten mit unseren Kindern: Entweder wir wollen etwas, was sie in ihren Bedürfnissen stört – wir möchten zum Beispiel, dass sie aufhören mit dem Spielen, weil es Essen gibt. Oder sie tun etwas, was uns in unseren Bedürfnissen stört – sie spielen laut neben uns, während wir in Ruhe telefonieren möchten. Üblicherweise reagieren wir in diesen Situationen zunächst freundlich und mit etwas Geduld, macht unser Kind dann nicht das, was wir möchten, reagieren wir in alten eingeübten Mustern:

* mit Ansagen: »Es wird jetzt gemacht, was ich sage, und Schluss!«
* mit Vorwürfen: »Es ist immer das Gleiche mit dir, nie machst du, was ich dir sage!«
* mit Androhen von Strafe: »Wenn du jetzt nicht sofort kommst, darfst du heute Abend nicht fernsehen.«
* mit Ankündigen von Belohnung: »Wenn du jetzt kommst, darfst du nach dem Essen ein Eis haben.«
* mit Manipulation: »Mama geht es nicht gut, wenn du immer so einen Stress machst.«

Es kann sein, dass unser Kind daraufhin tut, was wir uns von ihm wünschen – es tut dies aber nicht freiwillig, sondern weil wir Druck ausgeübt haben. Jede Beziehung leidet, wenn Druck ausgeübt wird.

Oft sind wir selbst mit diesen Mustern erzogen worden und haben sie so verinnerlicht, dass wir sie nicht infrage stellen. Kommen die Kinder dann in die Pubertät, so lehnen sie sich gegen diese Muster auf und wehren sich gegen den Druck, den wir ausüben.

Durch unsere Kultur und Erziehung geprägt geben wir in Konflikten oft reflexartig unserem Gesprächspartner die Schuld für die konfliktreiche Situation. Wir offenbaren nicht unsere Gefühle und unsere Bedürfnisse. Wir erklären nicht, wie es uns geht oder was wir gern hätten, sondern weshalb der Andere sich nicht richtig verhält. Wir übertragen unserem Gesprächspartner die Verantwortung für unsere Unzufriedenheit im Sinne von: »Ich bin genervt, weil du immer so unzuverlässig/egoistisch/fordernd ... bist.«

Dadurch fühlt sich unser Gegenüber angegriffen und reagiert mit Verteidigung oder Gegenangriff. Durch unsere Vorwürfe am anderen kommunizieren wir nicht gewaltfrei, und schnell schaukelt sich ein Hin und Her von Verletzungen hoch. Wie oft sagen wir zu unserem Kind Sätze, wie zum Beispiel:

»Muss das denn sein? Musst du die Küche denn immer wie einen Schweinestall hinterlassen? Nie räumst du dein Zeug in die Spülmaschine. Ich bin so genervt von Dir!«

Hier bewerten wir: Unser Kind hinterlässt die Küche *immer* wie einen Schweinestall. Mit diesem Satz unterstellen wir ihm *immer* fehlerhaftes Verhalten und dementsprechend *nie* angemessenes – das ist abwertend und beleidigend. Außerdem geben wir ihm die Verantwortung für unser Genervtsein. In der Folge glaubt das Kind, nicht wertvoll zu sein, fühlt sich unwohl, und seine Motivation, irgendwie konstruktiv auf unsere Bemerkung zu reagieren, sinkt gegen null.

Vielleicht wird es zur Verteidigung ansetzen: »Das stimmt doch gar nicht, von allen Geschwistern räume ich am meisten weg«, oder zum Gegenangriff: »Du räumst auch nie deine Kaffeebecher in die Spülmaschine, die stehen ewig auf deinem Schreibtisch rum.«

In diesen Dialogen geht es dann darum, wer recht oder unrecht hat, und nicht darum, wie man einer Lösung des Problems näherkommen könnte. Wenn unser Kind seinen Teller in die Spülmaschine räumt, dann mit Widerwillen und genervt und sicher nicht aus innerer Überzeugung. Es ist absehbar, dass es auch nicht motiviert sein wird, sein Verhalten langfristig umzustellen.

✳

Wie können wir aus diesem Teufelskreis von Abwertung und frustrierter Gegenreaktion aussteigen?

Die gewaltfreie Kommunikation (GFK) nach Marshall B. Rosenberg zeigt eine andere Art und Weise auf, wie wir mit unseren Kindern kommunizieren können, ohne Druck auszuüben.

Einiges, von dem vorher bereits berichtet wurde (empathisches Zuhören, Eingehen auf die Gefühle und Bedürfnisse des Kindes, Ich-Botschaften), spielt hierbei eine wichtige Rolle.

Bei der GFK hat Einfühlsamkeit eine besondere Bedeutung: Einfühlsamkeit in Richtung meines Gesprächspartners, aber auch Einfühlsamkeit gegenüber mir selbst. Es geht darum, die eigenen Gefühle und Bedürfnisse zu erkennen, aber auch die meines Gegenübers.

Die GFK beinhaltet zum einen ein Modell, das in vier Schritten angewendet wird. Es geht jedoch nicht nur um die sprachliche Umsetzung der vier Schritte, die im Folgenden beschrieben werden, sondern um das Einnehmen der entsprechenden einfühlsamen Haltung, die dahinter steht. Diese erfordert viel Übung von uns und wird durch unsere Sprache transportiert.

Um uns auszudrücken und um von anderen verstanden zu werden, entwickelte Rosenberg die vier Schritte der GFK, die der Stärkung unserer Beziehungen dienen sollen:

1. Beobachtung
2. Gefühl
3. Bedürfnis
4. Bitte

Die GFK ist dahin ausgerichtet, dass wir unser Bewusstsein für die Muster unserer nicht einfühlsamen Kommunikation schärfen und einen neuen Zugang zu unserem Gegenüber finden. Selbstempathie, Empathie, Achtsamkeit und Wertschätzung für den anderen sind die Grundlagen der GFK. Die gewaltfreie Kommunikation ermöglicht eine Art zu kommunizieren, in der wir in Konflikten unsere Gefühle zeigen und darüber sprechen können, was wir brauchen (unsere Bedürfnisse), anstatt unser Gegenüber abzuwerten und ihm die Verantwortung für unsere Gefühle zu übertragen.

# Giraffensprache und Wolfssprache

Rosenberg verwendet die Symbole Giraffe und Wolf[12], um verschiedene Arten der Kommunikation zu verdeutlichen – die Giraffen- und die Wolfssprache.

Serena Rust beschreibt in ihrem Buch *Wenn die Giraffe mit dem Wolf tanzt* anschaulich die Umsetzung der GFK im Alltag. Zur Wolfssprache schreibt sie: »Ein Wolf weiß immer genau, was richtig oder falsch ist. Er ist davon überzeugt, dass seine Perspektive für alle und alles gilt, denn er hat sozusagen ›die Wahrheit gepachtet‹. Wenn er anderen deutlich macht, was sie falsch gemacht haben, dient es nach seiner Überzeugung nur der Wahrheitsfindung«.[13] Weiterhin schreibt sie: »Beim Wolf dominiert das Denken, vor allem seine Meinungen über andere. (...) Gefühle sind ihm eher suspekt.«[14] Der Wolf bedroht andere und verteilt Strafen, was beim Gesprächspartner häufig zu unangenehmen Gefühlen wie Angst, Schuld und Scham führt. Dies führt oft zu Auseinandersetzungen und kaum zum Verständnis für sich und den Gesprächspartner.

Die Giraffensprache hingegen steht für die einfühlsame Verständigung: Die Giraffe ist das Landtier mit dem größten Herzen, hat durch ihren langen Hals einen Überblick über die Situation und auch genügend Abstand zum Geschehen. Die Giraffe hat Zugang zu ihren eigenen Gefühlen, aber auch zu denen der anderen. Sie erkennt ihre eigenen Bedürfnisse und respektiert die Bedürfnisse aller. In der Giraffensprache drohen oder befehlen wir nicht, sondern wir drücken uns aufrichtig aus.

Hierzu gehören vier Schritte:

## 1. Beobachten

Im ersten Schritt spreche ich darüber, weshalb ich das Gespräch beginne. Hierbei gebe ich eine wertfreie Beobachtung wieder. Ich interpretiere die Situation nicht, sondern stelle sie möglichst objektiv dar. In diesem Zusammenhang beruft sich Rosenberg auf den indischen Philosophen Jiddu Krishnamurti, der feststellte, die höchste Form der menschlichen Intelligenz sei die Fähigkeit zu beobachten, ohne zu bewerten.[15]

Es ist für uns tatsächlich nicht einfach, unsere gewohnten Muster von Interpretation und Bewertung zu unterlassen und eine reine Beobachtung mitzuteilen. Gelingt mir dies, erhöht es die Wahrscheinlichkeit, dass mein Gegenüber mir weiter zuhört.

Nehmen wir beispielsweise folgende Situation: Ich möchte das Wochenende planen und habe meinen zwölfjährigen Sohn deshalb am Vortag gebeten, sich zu informieren, wann sein Basketballturnier am Wochenende stattfindet, und mir dazu am selben Tag eine Rückmeldung zu geben. Am heutigen Tag stelle ich fest, dass er dies noch nicht getan hat. Nun kann ich sachlich feststellen, was ich beobachte:

»Ich habe seit gestern noch keine Antwort von dir bekommen, auf meine Frage, wann am Samstag dein Turnier stattfindet.«

Würde ich, statt meine Beobachtung mitzuteilen, meinem ersten Impuls folgen und ihm einen Vorwurf machen: »Immer bist du so unzuverlässig!« – würde mein Sohn wahrscheinlich abwehrend und nicht kooperativ auf meine Bemerkung reagieren.

## 2. Gefühl

Im zweiten Schritt spreche ich über das Gefühl, das durch meine Beobachtung ausgelöst wird:

»Ich bin verärgert.«

In diesem Schritt spreche ich über das Gefühl in mir und gebe nicht meinem Gesprächspartner die Verantwortung, also nicht:

»Ich bin verärgert, weil du so unzuverlässig bist.«

Verbinde ich den ersten Schritt (meine Beobachtung) mit dem zweiten Schritt (Gefühl), kann das so formuliert werden:

»Wenn ich bemerke, dass ich seit gestern noch keine Antwort von dir bekommen habe, auf meine Frage, wann am Samstag dein Turnier stattfindet (Beobachtung), bin ich verärgert (Gefühl).«

Wie Rust betont, benutzen wir das Wort »wenn« und nicht »weil« – »weil« würde eine Ursächlichkeit zwischen meinem Gefühl und meiner Beobachtung herstellen, und das wollen wir vermeiden. Mit »wenn« stellen wir eine zeitliche Verknüpfung zwischen unserer Beobachtung und unserem Gefühl her und übernehmen somit die Verantwortung für unser Gefühl.[16]

## 3. Bedürfnis

In diesem Schritt spreche ich darüber, welches Bedürfnis hinter meinem Gefühl liegt. Dies ist in der Umsetzung meist der schwierigste Schritt. Es ist für uns ungewöhnlich, uns unserer Bedürfnisse bewusst zu werden, und fällt spontan nicht leicht. Bedürfnisse verbinden Menschen miteinander, denn sie sind universell. Alle Menschen haben die gleichen Bedürfnisse: Hunger, Durst, Nähe, Bedürfnis nach Sinn, Freiheit, Anerkennung und Unterstützung sind nur einige davon.

Die Bedürfnishierarchie ist nur individuell unterschiedlich – es gibt Unterschiede von Mensch zu Mensch, welche Bedürfnisse Priorität haben. Die Universalität der Bedürfnisse fördert das Verständnis für andere, selbst dann, wenn wir mit ihren Handlungen nicht einverstanden sind. Handlungen sind die Strategien, die Menschen einsetzen, um ihre Bedürfnisse zu erfüllen.

Wenn wir unsere Bedürfnisse klar ausdrücken, haben wir die Chance, dass der andere uns versteht. Meist muss man über das Bedürfnis, das in diesem Moment nicht oder nur teilweise erfüllt ist, etwas nachdenken. In diesem Beispiel ist es mein Bedürfnis, dass ich Klarheit brauche, um das Wochenende planen zu können.

Ich würde also den vorhergehenden Satz mit »weil ich ... brauche« fortsetzen:

»Wenn ich bemerke, dass ich seit gestern noch keine Antwort von dir bekommen habe, auf meine Frage, wann am Samstag dein Turnier stattfindet (Beobachtung), bin ich verärgert (Gefühl). Das ist so, weil ich Klarheit (Bedürfnis) brauche, damit ich das Wochenende planen kann.«

Die Tatsache, dass mein Sohn mir den Termin des Turniers noch nicht mitgeteilt hatte, war der Auslöser für meine verärgerte Reaktion, nicht die Ursache. Meine Reaktion hing mit meinem unerfüllten Bedürfnis nach Klarheit zusammen. Ein anderer Mensch könnte in derselben Situation viel entspannter reagieren, weil ihm dieses Bedürfnis in dem Zusammenhang nicht so wichtig wäre. Die Ursachen für meine Gefühle liegen also einzig und allein in mir und haben mit *meinen* nicht erfüllten Bedürfnissen zu tun.

Über diesen Zusammenhang schreiben Frank und Gundi

Gaschler, die Autoren von *Ich will verstehen, was du wirklich brauchst*:

»Für mich ist das eine der wertvollsten Einsichten, die ich durch die GFK gewonnen habe: Der Grund meiner Gefühle liegt allein in mir – in meinen Bedürfnissen. Das Verhalten eines anderen kann allenfalls ein Auslöser sein, niemals jedoch die Ursache. Mein Gefühl ist Indikator meiner erfüllten oder unerfüllten Bedürfnisse.«[17]

## 4. Bitte

Zum Abschluss formuliere ich eine Bitte, in der ich sage, wie mein Gegenüber mir in der Erfüllung meines Bedürfnisses helfen könnte:

»Wärest du bereit, mir deshalb bis heute Abend Bescheid zu sagen?«

Die Bitte sollte so konkret wie möglich formuliert sein. Also nicht:

»Bitte sei doch in Zukunft zuverlässiger!«

Hierbei würde ein Vorwurf mitschwingen, und mein Sohn hätte keinen konkreten Hinweis von mir, was er tun könnte, um diese Bitte zu erfüllen.

Das Wesen einer Bitte ist, dass sie abgelehnt werden kann, ohne dass derjenige, der die Bitte nicht erfüllt, mit Strafen oder Liebesentzug rechnen muss. Kann unser Kind unsere Bitte nicht ablehnen, ohne mit negativen Konsequenzen rechnen zu müssen, handelt es sich um eine Forderung.

Ich muss also auch damit rechnen, dass meine Bitte abgelehnt werden kann.

In dem Blog www.gewuenschtestes-wunschkind.de wird vorgeschlagen, die Schritte der GFK folgendermaßen auszudrücken:

1. Wenn ich sehe/höre/denke/bemerke/erkenne ...
2. ... fühle ich mich/bin ich traurig/ängstlich/wütend ...
3. ... weil mir wichtig ist/sehr daran liegt/ich es wichtig finde, dass .../weil ich XYZ brauche
4. ... daher hätte ich gern, dass du/wärest du bereit/wäre es für dich in Ordnung, wenn ...

In dem oben genannten Beispiel könnte ich es dann folgendermaßen formulieren: »Wenn ich bemerke, dass ich seit gestern noch keine Antwort von dir bekommen habe, auf meine Frage, wann am Samstag dein Turnier stattfindet (Beobachtung), bin ich verärgert (Gefühl). Das ist so, weil ich Klarheit brauche (Bedürfnis), um das Wochenende zu planen. Wärest du bereit, mir deshalb bis heute Abend Bescheid zu sagen (Bitte)?«

Wenn ich so kommuniziere, habe ich die Chance, dass mein Sohn auf meine Bitte eingeht. Ich habe ihn nicht, wie das in Streitgesprächen häufig der Fall ist, mit einer verallgemeinernden Beleidigung (»Du bist so wahnsinnig unzuverlässig!«) gekränkt, sondern habe ihm neutral mitgeteilt, was ich beobachte – darin liegt kein Vorwurf, ich beschränke mich auf die beobachtbaren Fakten. Außerdem habe ich ihm meine Gefühle und meine Bedürfnisse, die hinter meinen Gefühlen liegen, mitgeteilt – ich habe mich aufrichtig geöffnet und über das berichtet, was in mir vorgeht, anstatt einen Vorwurf an ihn zu richten oder ihm mit unangenehmen Konsequenzen zu drohen. Wenn ich mich öffne und aufrichtig beschreibe, was in mir vorgeht, gibt es die Möglichkeit, dass mein Sohn Verständnis dafür entwickelt. Würde er meiner Bitte entgegenkommen, täte er dies aus seinem Verstehen für meine Gefühle und Bedürfnisse heraus und weil er mit dem Entgegenkommen auch ein eigenes Bedürfnis befriedigen würde, wie etwa das Bedürfnis nach Kontakt, Harmonie oder Verständnis. Er käme der Bitte nicht aus Angst, Schuld- oder Schamgefühlen nach oder weil er befürchtete, sonst mit negativen Konsequenzen rechnen zu müssen. Er täte es freiwillig. Es wäre also ein von Herzen kommendes Erfüllen der Bitte und auch ein Erfüllen seines Bedürfnisses nach Verbindung mit seiner Mutter.

## Was wir hören

Genauso wie wir in der Wolfs- oder Giraffensprache sprechen können, können wir mit Wolfs- oder Giraffenohren hören.[18] Mit Wolfsohren hören wir die Aussage unseres Gegenübers als Angriff, Beleidigung oder Vorwurf. Mit unseren Giraffenohren hören wir das unerfüllte Bedürfnis unseres Gegenübers heraus und die damit zusammenhängenden Gefühle.

Sagt der elfjährige Sohn, als er hört, dass sein Vater am Wochenende arbeiten muss: »Immer bist du am Wochenende weg, nie hast du Zeit für mich«, reagiert der Papa schnell mit einer Verteidigung, da er sich angegriffen fühlt:

»Ach, das ist doch jetzt wirklich unfair! Die ganzen letzten Wochenenden habe ich mir frei gehalten für dich. Ich strenge mich doch wirklich an, möglichst viel Zeit mit dir zu verbringen.«

Das spiegelt eine wölfische Haltung von Rechthabenwollen wider. Hört der Vater mit Giraffenohren und versucht herauszufinden, welches Gefühl bei seinem Sohn gerade vorherrscht und welche Bedürfnisse bei ihm nicht erfüllt zu sein scheinen, klingt es so: »Mein Schatz, du bist wahrscheinlich traurig (Gefühl), weil du dieses Wochenende gern gemeinsam etwas unternommen hättest (Bedürfnis nach Verbindung und Anregung), oder?«

Vielleicht antwortet der Sohn dann:

»Ja, genau, ich hatte mich so darauf gefreut, mit dir eine Radtour zu machen.«

Hieraus kann sich ein auf Einfühlung gegründetes Gespräch entwickeln, in dem es nicht darum geht, wer recht oder unrecht hat, sondern in dem es darum geht, welche Gefühle das Kind hat und welche seiner Bedürfnisse nicht erfüllt sind. Durch diesen Gesprächsverlauf könnte der Sohn animiert werden, eine Bitte zu formulieren, wie der Vater seinem Bedürfnis nach Verbindung und Anregung nachkommen könnte.

»Könntest du Sonntagabend nach deiner Arbeit noch etwas mit mir unternehmen? Vielleicht könntest du mit mir ein Eis essen gehen?« Möglicherweise kann der Vater diesen Wunsch erfüllen, möglicherweise auch nicht. Selbst wenn der Wunsch nicht erfüllt werden kann, hatte das Kind durch diesen Gesprächsverlauf die Möglichkeit, sein nicht erfülltes Bedürfnis zu benennen und sich durch die Einfühlung seines Vaters verstanden zu fühlen.

Bei auffälligem Verhalten unserer Kinder, sei es aggressiv und grenzüberschreitend oder traurig und rückzügig, sollten wir versuchen zu verstehen, welche nicht erfüllten Bedürfnisse unseres Kindes wohl hinter diesem Verhalten stehen. Das Verhalten ist als eine Strategie anzusehen, dieses Bedürfnis zu erfüllen. So war der Vorwurf des Sohnes: »Immer bist du am Wochenende weg, nie hast du Zeit für mich« seine Strategie, sein Bedürfnis nach Verbindung sichtbar zu machen.

Natürlich sind unsere Kinder nicht in der Lage, wenn sie ein Gefühl spüren, reflektiert auf uns zuzugehen und zu sagen: »Papa, mein Bedürfnis nach Verbindung mit dir ist nicht erfüllt, wenn du am Wochenende arbeitest. Kannst du dir vielleicht nach deiner Arbeit Zeit für mich nehmen?«, sondern sie machen ihrem Gefühl Luft, indem sie uns dafür einen Vorwurf machen. Es liegt dann an uns zu erkennen, um welches Bedürfnis es sich handelt und einfühlsam darauf einzugehen.

Tatsächlich ist es gar nicht einfach, die GFK in den Alltag zu übertragen. Wir müssen uns Zeit nehmen, um nicht reflexartig zu bewerten, zu interpretieren und zu beschuldigen. Auch erfordern die zunächst ungewohnten Formulierungen Nachdenken und Innehalten, bevor wir sprechen. Wir müssen uns unserer Gefühle und Bedürfnisse bewusst werden, um sie tatsächlich zu formulieren.

Ebenso ist es eine große Herausforderung, den Vorwürfen, die von unseren Kindern an uns herangetragen werden, mit Empathie und Einfühlung und eben nicht reflexartig mit Verteidigung, Rückzug oder Gegenangriff zu begegnen und dann zu erfassen, welche Gefühle und nicht erfüllte Bedürfnisse sich hinter ihren Aussagen verbergen. Das erfordert Konzentration, eine gewisse Entschleunigung sowie viel Übung.

# Getrennt lebend – durch Gespräche (wieder) Nähe zum Kind finden

Bei getrennt lebenden Eltern verzichtet ein Elternteil, meist der Vater, auf den Alltag mit den Kindern. Grundvoraussetzung, damit eine gute Kommunikation zwischen dem von der Familie getrennt lebenden Elternteil und seinen Kindern gelingen kann, ist, dass das andere Elternteil eine Bindung zwischen den gemeinsamen Kindern und dem Co-Elternteil unterstützt. In der Regel werden Trennungen von partnerschaftlichen Konflikten begleitet. Die Eltern tun jedoch gut daran, die Kinder nicht in diese einzubeziehen und keine »Fronten« aufzubauen. Tun sie dies, werden die Kinder in Loyalitätskonflikte involviert, unter denen sie meist sehr leiden. Kinder wünschen sich nichts mehr, als zu beiden ihrer Eltern ein gutes Verhältnis zu pflegen. Loyalitätskonflikte erschweren oder verhindern eine gute Bindung zu beiden Elternteilen. Eine gute Verbindung zwischen dem getrennt lebenden Elternteil und seinen Kindern funktioniert nur, wenn es ein Einvernehmen zwischen beiden Eltern gibt über eine gemeinsame Elternschaft, die Bindung zu beiden Elternteilen unterstützt.

Je weniger Zeit der getrennt lebende Vater oder die getrennt lebende Mutter mit den Kindern verbringt, desto schwieriger ist es für diesen Erwachsenen, immer wieder Kontakt zu den Kindern aufzubauen. Der nicht im Familienhaushalt lebende Elternteil kommt in Abständen mit den Kindern zusammen und möchte ganz viel erfahren:

Was ist alles passiert in der Zeit, in der ich nicht anwesend war?

Wie war es in der Schule, im Sport, mit den Freunden?

Der Vater, der sein Kind nicht jeden Tag sieht, hat Sehnsucht, am Leben des Kindes teilzunehmen, und möchte sich ungern ausgeschlossen fühlen. In der Regel haben Kinder überhaupt keine oder nur wenig Lust, von Dingen zu berichten, die in ihrem Zeitgefühl bereits weit hinter ihnen liegen. Überhaupt gibt es wenige Kinder, die Freude am »chronologischen Bericht« haben, den wir Erwachsene so lieben. Je mehr wir die Kinder mit unseren Fragen bedrängen, desto mehr ziehen sie sich zurück. Was kann man also tun, um in dieser Situation besser mit seinen Kindern im Kontakt zu bleiben? Wie kann man die Gespräche über das, was die Kinder erlebt haben, was sie gefühlt haben, was sie gedacht haben, als man nicht anwesend war, attraktiver für die Kinder gestalten?

Kinder fühlen sich, besonders je älter sie werden, schnell »ausgefragt«. Ist dies der Fall, zum Beispiel, wenn wir zu ungeduldig unsere Fragen auf sie abfeuern, sind sie nicht zum Gespräch motiviert – und so ginge es uns Erwachsenen auch, wenn wir uns ausgefragt fühlten.

Es bietet sich an, die Kinder nicht mit umfassenden Fragen zu löchern, sondern sich Superlative zu überlegen, über die man gern mit dem Kind reden würde.

* Was war das schönste Erlebnis der letzten Woche?
* Mit welchem Freund hast du am liebsten gespielt?

* Was hat dir am meisten Spaß gemacht in der Schule?
* Was hat dich am meisten geärgert?
* Welcher Lehrer war am nettesten/nervigsten?

Superlative haben den Vorteil, dass sie extrem, also besonders sind und man sich deshalb leichter an sie erinnert. Durch das Extrem sind sie mit starken Emotionen besetzt und deshalb leichter abrufbar. Sie sind also interessanter als ganz »normale« Erlebnisse, und es macht Kindern deshalb oft mehr Spaß, sich mit diesen zu beschäftigen.

Grundsätzlich ist es gut, offene Fragen zu stellen, das heißt nicht Fragen, die mit »ja« oder »nein« beantwortet werden können, da offene Fragen zu längeren Antworten und somit zu mehr Informationsaustausch einladen.

Nicht: Hat dir etwas an deinem Training besonders Spaß gemacht?
Sondern: Was hat dir an deinem Training besonders Spaß gemacht?

Ganz wichtig ist auch hier der gegenseitige Austausch: Hat Ihr Kind Ihre Frage beantwortet, beantworten auch Sie sie für Ihr Kind, und berichten auch Sie von Ihrer Woche – Ihrem schönsten Erlebnis, was Sie am meisten geärgert hat oder eben das, worüber Sie sich mit ihrem Kind austauschen wollen. Das schafft Nähe, Ihr Kind erfährt etwas über Sie, was ihm entgangen war, da kein gemeinsamer Alltag besteht. Außerdem gewöhnt es sich an einen Austausch, die Kommunikation geht dann nicht nur in eine Richtung, sondern ist gegenseitig. Ihr Kind lernt und gewöhnt sich daran, dass es als Gesprächspartner auf Augenhöhe fungieren kann.

Falls es sich einrichten lässt, ist es schön, diesen »Wochenrückblick« (oder für welche Zeit auch immer der Rückblick gilt) in Form eines Rituals zu praktizieren. Diese Momente möglichst angenehm miteinander, also gemütlich, interessant, spaßig oder auch heiter zu gestalten, fördert das Gefühl der Nähe. Vielleicht wird dieses Ritual immer von einem besonderen Getränk begleitet, was es ausnahmsweise nur zu diesem Zeitpunkt gibt (gemeinsam hergestellte Limonade, einen selbst gemixten Smoothie oder Milchshake). Vielleicht findet es statt in einem Baumhaus, einer Hütte oder einem Zelt, das man gemeinsam als »geheimen Besprechungsort« für Papa und Kind oder Mama und Kind gebaut hat. Nach einiger Zeit verlieren diese Gewohnheiten, wie fast alle Gewohnheiten, an Reiz für unsere Kinder, das vermitteln sie uns direkt, und wir merken es schnell. Dann müssen wir uns neue Arten überlegen, wie wir diese Rituale attraktiv gestalten können.

An die Rituale muss man sich nicht sklavisch halten, denn nicht alle Treffen verlaufen gleich, oder Pläne werden mal geändert. Wenn es jedoch gelingt, eine Gewohnheit dieses Kommunikationsrituals zu etablieren, kann dies den Austausch sehr fördern. Rituale lassen die Gefühle von Berechenbarkeit und Zuverlässigkeit entstehen und vermitteln dem Kind ein Gefühl von Sicherheit. Durch dieses Ritual merkt es, dass sein Vater oder seine Mutter zwar nicht immer den Alltag mit ihm teilen kann, dass er oder sie aber sehr interessiert daran ist und dass es zuverlässig einen Moment beim Zusammentreffen mit dem Elternteil gibt, an dem es über sein Leben berichten kann und an dem der Papa oder die Mama auch über ihr Leben berichten.

✳

Eine andere, nicht rein verbale Art, über die Zeit, die Sie nicht mit Ihrem Kind verbracht haben, zu kommunizieren, besteht darin, beispielsweise Fotos von der vergangenen Woche zu zeigen. Die meisten von uns fotografieren viel mit ihrem Handy. Sie können sich unter der Woche überlegen, welche Bilder aus Ihrem Alltag für Ihr Kind interessant wären, und könnten diese Szenen fotografieren. So könnten Sie eine kleine Fotodokumentation Ihrer Woche anlegen, Ihrem Kind zeigen und dann über die Fotos erzählen. Besitzt Ihr Kind bereits ein Handy, könnte es das Gleiche tun und Ihnen die Fotos seiner Woche zeigen.

Ist Ihr Kind jünger, so könnten Sie als visuelle und materielle Unterstützung Ihrer Erzählung wichtige Dinge der vergangenen Woche zusammensuchen, Ihrem Kind zeigen und ihm beschreiben, warum sie wichtig für Sie waren: einen Ihrer Laufschuhe, da Sie endlich die lange Strecke beim Training für den Marathon geschafft haben; das spannende Buch, in dem Sie gerade lesen; ein Rezept aus einem Kochbuch, das besonders gut geschmeckt hat. Viele Kinder finden es lustig, sich mit »echten« Dingen zu beschäftigen, und sind darauf gespannt, welche Gegenstände ihr Papa oder auch ihre Mama für das nächste Treffen heraussucht. Hat Ihr Kind Freude daran, kann es ebenfalls wichtige Dinge seiner Woche zusammensuchen und Ihnen zeigen. Passt das nicht, so können Sie, wenn Sie von sich berichten, mit einer Frage an Ihr Kind anknüpfen:

»Hier ist mein Laufschuh. Ich war letzte Woche sehr froh und stolz, dass ich endlich die große Runde beim Laufen geschafft habe. Du hast ja auch Sport gemacht – jetzt bin ich gespannt zu hören, wie dein Fußballtraining letzte Woche lief. Hast du vielleicht auch etwas geschafft, worüber du dich freust?«

Manche Kinder erzählen nicht gern, sondern tun lieber etwas. Sie könnten mit Ihrem Kind zum Beispiel zu Farbstiften greifen. Sie überlegen, was Ihnen in der letzten Woche wichtig war, und malen es, wie beispielsweise Ihren Laufschuh, und dann berichten Sie über dessen Bedeutung für Sie. Danach können Sie Ihr Kind auffordern, etwas zu malen, was ihm in der vergangenen Woche wichtig war, und es berichtet darüber. Vielleicht besorgen Sie dafür ein leeres Büchlein, ein Heft oder eine »Zaubertafel«, die Sie nur für diese Gelegenheit benutzen, um diese gemeinsame Aktivität besonders zu machen. Falls Sie und Ihr Kind Freude daran haben, können Sie gemeinsam Tagebücher gestalten, in denen die jeweiligen Wochen-Highlights abgebildet sind. Es macht Kindern in der Regel großen Spaß, in solchen Büchern, genau wie in Fotoalben, zu blättern und sich an zurückliegende Ereignisse zu erinnern.

All diese Formen des Austauschs können sich zu schönen Ritualen entwickeln, die das Erfragen nach der »verpassten gemeinsamen« Zeit nicht zu zähen Angelegenheiten machen, in denen Ihr Kind mehr oder weniger widerwillig berichtet, sondern zu einem Austausch, der beiden Seiten Freude macht.

Wenn Ihr Kind, vielleicht weil es bereits etwas älter ist, keine Freude, an diesen ritualisierten gemeinsamen Gesprächen oder Aktivitäten hat und eher »allergisch« auf Vorschläge dieser Art reagiert, akzeptieren Sie es. Man kann solch einen Austausch nicht erzwingen. Manchmal ergeben sich zwanglos Gespräche, wenn man gemeinsam etwas unternimmt, wie zum Beispiel miteinander Tischtennis spielt, gemeinsam kocht oder backt oder auf dem Weg zum Spielplatz oder zur Kletterhalle. Ältere Kinder und Jugendliche, die mit der Entwicklung ihrer Selbstständigkeit beschäftigt sind und sich deshalb von ihren Eltern abgrenzen, haben häufig die Befürchtung, »ausgefragt« zu werden. Dieses Gefühl kann bei gemeinsamen Aktivitäten in den Hintergrund treten. Sie schaffen Verbindung und auch Nähe, auf deren Grundlage sich ein Austausch leichter entwickeln kann, als wenn man sich gemeinsam an den Tisch setzt und fordert: »So, nun erzähl mal ...« Um zu signalisieren, dass man an einem gegenseitigen Austausch und keinem »Verhör« interessiert ist, kann man auch zunächst etwas von sich berichten, bevor man eine Frage an sein Kind richtet.

Jan lebte von seiner Frau getrennt und sah seinen 14-jährigen Sohn Max regelmäßig an den Wochenenden. Er hatte nach der Trennung riesige Probleme gehabt, an Max »heranzukommen« – alle Versuche, mit seinem Sohn in ein tiefer gehendes Gespräch zu kommen, blieben erfolglos. Max bekundete klares Desinteresse daran und stieg auf die Angebote seines Vaters zum Austausch nicht ein. So blieb er im Auto stumm, wenn sein Vater ihn vom Fußballtraining abholte und versuchte, sich mit ihm zu unterhalten, sogar bei gemeinsamen Mahlzeiten gab er nichts mehr von sich preis, das kannte er gar nicht von seinem Sohn. Der Vater fühlte sich regelrecht »abgekoppelt« und war frustriert. Viele Eltern ziehen sich an dieser Stelle, nachvollziehbarerweise, zunächst einmal zurück, aus Kränkung, Frustration Hilflosigkeit und Erschöpfung – in der Hoffnung, dass die Situation sich irgendwann wieder »einrenkt«. Auch wenn Jan sich abgelehnt und hilflos fühlte, wollte er nicht aufgeben und schlug Max vor, sonntagmorgens vor dem Frühstück miteinander joggen zu gehen. Der Sohn nahm dieses Angebot zum Erstaunen von Jan an, und nun joggten sie regelmäßig miteinander. Diese Aktivität bereitete Max sichtlichen Spaß. Bei den ersten Runden erzählte der Vater von seiner Woche, und sein Sohn bekundete durch knappe Nachfragen immerhin Interesse und blieb nicht stumm. Jan akzeptierte die Zurückhaltung seines Sohnes und hielt sich mit Fragen an ihn zurück. Nach einigen Wochen fing Max dann bei der sonntäglichen Joggingrunde an, etwas von sich zu berichten – er hatte Ärger mit seinem Mathelehrer und erzählte Jan von dieser Situation. Jan hörte zu, stellte Nachfragen, und gemeinsam berieten sie, wie mit der Situation umzugehen sei.

Von da an erzählte der Sohn seinem Vater regelmäßig etwas von sich – nicht an jedem Sonntag und immer nur, während sie gemeinsam joggten. Jan war so klug, den Grad der Bereitschaft seines Sohnes anzunehmen, bohrte nicht und drängte nicht, sondern war bereit anzunehmen, was dieser gab, und darauf zu reagieren. Entscheidend war, dass er die Grundlage für solche Gespräche durch Herstellen von Nähe geschaffen hatte. Dadurch, dass Jan nun nicht mehr bei der Familie lebte und Max ihm – nicht explizit, aber implizit – Vorwürfe zu der Trennung machte, war Abstand zwischen Vater und Sohn entstanden. Auf dieser Basis war kein authentischer Austausch möglich. Es musste zunächst erst wieder eine Form von Verbindung hergestellt werden – dies gelang Jan durch das gemeinsame Joggen und durch das Berichten über seinen Alltag.

Dass Kinder sich bei Trennungen ihrer Eltern zunächst häufig dem Elternteil, den sie als »schuldig« einstufen, ablehnend gegenüber verhalten, ist nicht ungewöhnlich. Trennungen stellen für Kinder große Belastungen dar und sind mit Traurigkeit, Angst, Verzicht und Unsicherheit verbunden. In dieser Phase gilt es, den Kindern, auch bei Ablehnung ihrerseits, Sicherheit und Beständigkeit zu vermitteln und als Eltern dranzubleiben und zu zeigen, dass man nicht aus ihrem Leben verschwindet. Das ist natürlich eine riesige Herausforderung, fühlt man sich doch selbst durch die Ablehnung des Kindes frustriert und isoliert.

Am besten funktioniert das zunächst durch gemeinsame Aktivitäten, die Freude machen. Deshalb überlegen Sie, an welcher gemeinsamen Aktivität Ihr Kind Freude haben könnte, und versuchen Sie, Gemeinsames miteinander zu unternehmen. Das kann ein Kinobesuch sein, eine gemeinsame Bastel-, Gärtner- oder Kochaktivität. Es geht zunächst einmal gar nicht darum, viel von seinem Kind zu erfahren, sondern einfach darum, Gemeinsames miteinander zu erleben. Seien Sie geduldig, und geben Sie Ihrem Kind und sich Zeit – aber bleiben Sie dran. Beständigkeit und Zuverlässigkeit sind Qualitäten, die Sicherheit vermitteln und langfristig auch Nähe befördern.

Sollte sich Ihr Kind nach einer Ablehnungsphase im Verlauf gemeinsamer Aktivitäten öffnen, gehen Sie behutsam darauf ein – achten Sie auf Ihr aktives Zuhören, und fordern Sie nicht zu viel auf einmal. Erkennen Sie, wie viel Ihr Kind bereit ist zu kommunizieren, nehmen Sie das an, was es offenbart, »bohren« Sie nicht mit Fragen, sondern lassen Sie Ihrem Kind die Chance vorzugeben, wie bereit an einem Austausch es ist. In dem Tempo, das Ihr Kind vorgibt, kann sich dann ein intensiverer Austausch wieder entwickeln.

Je regelmäßiger der Austausch zwischen dem außerhalb des Haushaltes lebenden Elternteil und dem Kind auch in der nicht gemeinsam verbrachten Zeit funktioniert, desto leichter wird das Anknüpfen, wenn man wieder beieinander ist. Wenn es sich einrichten lässt, kann man über regelmäßige Telefonate Kontakt halten. Falls das schwierig sein sollte, kann man Nachrichten senden oder eben auch über elektronische Nachrichten kleine Rituale etablieren, wie ein Foto seines Tags senden, in dem man über etwas berichtet, was einen an diesem Tag beschäftigt, erfreut, verärgert, begeistert oder wie auch immer beeinflusst hat. Indem Sie etwas über sich berichten, lassen Sie Ihr Kind an Ihrem Leben teilhaben und stellen so Verbindung her. Dies ist eine gute Basis, um Ihr Kind nach einem Ereignis zu befragen, das es selbst beschäftigt hat, und so einen Austausch zu initiieren.

Lebt man in der Nähe, kann man auch einen gemeinsamen Termin in der Woche zum Ritual machen, das Kind vom Sport oder von der Musikschule abholen beispielsweise. Diese gemeinsamen Termine drücken Verbindlichkeit und Interesse nach Nähe des verantwortlichen Elternteils aus. Auch wenn Kinder manchmal Zeit brauchen, bis sie Nähe wieder zulassen können. Mit der Trennung der Eltern brechen Wertvorstellungen zu Familie und Ehe, die sie bis dahin vermittelt bekamen, zusammen. Gefühle wie Traurigkeit, Enttäuschung und Wut können sich da vermischen und die Kinder verwirren. In dieser Phase kann es sein, dass Ihre Tochter oder Ihr Sohn Zeit braucht, um die Gefühle zu klären und Nähe wieder zulassen zu können.

Sven holte seine zwölfjährige Tochter Lina nach der Trennung von seiner Frau immer vom Hockeytraining ab und fuhr sie durch die vollgestopften Straßen des Berufsverkehrs nach Hause. Er ließ dazu als selbstständig Tätiger alles in seinem Büro stehen und liegen und reservierte sich eisern diese Stunden an dem Trainingstag der Tochter. Außer einem knappen »Hallo«, wenn sie zu ihm ins Auto stieg, kam von Lina auf den Fahrten nicht viel an Reaktionen. Sie tippte in ihr Handy und sah den Vater kaum an. Wenn er ihr Fragen stellte, antwortete sie kürzest angebunden und sichtlich genervt. Er fragte sich manchmal, ob diese Fahrten überhaupt sinnvoll investierte Zeit waren, da Vater und Tochter sich beide in der Situation sichtlich unwohl fühlten. Er hielt trotzdem an diesen Terminen fest, um ihr zu zeigen, dass er für sie da war, auch wenn sie ihn ablehnte. Irgendwann gab er es auf, ihr Fragen zu stellen. Er begrüßte sie immer freundlich und machte dann das Radio an, um die unangenehme Spannung, die im Auto herrschte, aufzulockern. So ging es über Wochen. Irgendwann wurde »Love of my life« von Queen gespielt. Schluchzend brach es aus der sonst so gefassten Zwölfjährigen heraus: »Du hast immer gesagt, Mama wäre die Liebe deines Lebens, und dann hast du sie und uns einfach verlassen. Du bist so treulos, ich hasse dich!« Natürlich war Sven erschrocken von dem Ausbruch seiner Tochter und wusste zunächst nicht, wie er reagieren sollte. Der Damm war jedoch gebrochen, nach all den vom Schweigen schweren Fahrten hatte seine Tochter endlich mit ihm gesprochen. Am Ende der Autofahrt saßen sie beide weinend noch eine lange Zeit im Auto beieinander. Für den nächsten Tag verabredeten sie sich zu einem Spaziergang. Sven hatte Lina seine Dankbarkeit ausgedrückt, ihre Gefühle mit ihm zu teilen. In den nächsten Wochen führten sie einige für Sven konfrontative Gespräche, das Verhältnis wurde jedoch wieder näher und wärmer, und irgendwann konnten sie auch wieder unbeschwert zusammen sein.

Ohne dass Sven es gezielt eingesetzt hätte, konnte gemeinsames Musikhören ein Türöffner zu Gesprächen sein. Musik spricht unmittelbar unsere Gefühle an, und manchmal öffnet uns Musik dafür, über diese Emotionen zu sprechen. Auch wenn sich kein Gespräch ergibt, kann es ein Gefühl von Nähe etablieren, miteinander Musik zu hören. Ist man also sprachlos miteinander, stellt vielleicht Musik eine vorsichtige erste Verbindung her.

Eine Art, mit offensichtlich ablehnendem Verhalten von Kindern umzugehen, ist, ihre Gefühle zu spiegeln und ihnen mitzuteilen, was man spürt: »Ich merke, du bist gerade sehr wütend …«, und abzuwarten, ob und wie sie auf diese spiegelnde Bemerkung eingehen. Manchmal kann das einen Redefluss in Gang setzen, und es kann sich daraus ein klärendes Gespräch entwickeln. Initiiert man solch ein Gespräch, muss man in der Lage sein, mit dem umzugehen, was die Kinder an Gefühlen und möglicherweise auch an Vorwürfen artikulieren. Haben Kinder in solch einer Situation die Möglichkeit, ihre Gefühle zu äußern, und fühlen sie sich von ihrem Elternteil verstanden und angenommen, kann dies ein

Wieder-aufeinander-Zugehen bewirken. In dem Fall von Sven und seiner Tochter fühlte sich der Vater sehr verunsichert und wagte es nicht, seine Tochter auf ihre Gefühle anzusprechen, zu groß war seine Angst vor völliger Ablehnung. So tat die Tochter den ersten Schritt und artikulierte sich, als sie bereit war, über ihre Gefühle zu sprechen.

# Zeit zum Reden mit den Großeltern

Kinder lieben es, Zeit mit den Großeltern zu verbringen:

Bei Oma und Opa steht die Zeit still, alles dreht sich nur um das Kind, die Großeltern sind nicht abgehetzt oder abgelenkt, sondern vermitteln ihrem Enkelkind, dass sie voll und ganz für es da sind. Meistens sind Oma und Opa auch weniger »streng« – sie haben nicht die elterlichen Erziehungsaufgaben. Bei ihnen geht es also nicht darum, Leistung einzufordern oder zu überprüfen, sondern einfach darum, dem Enkel ihre Liebe zu zeigen und Nähe herzustellen. Das vermittelt dem Enkelkind ein wunderbares Gefühl des Angenommenseins.

Sind Großeltern nicht in die familiäre Alltagsorganisation miteingebunden, so sind sie in der herrlichen Position, die Enkel einfach nur lieben zu dürfen, ihnen Gutes zu tun, sie auch zu verwöhnen und nichts von ihnen fordern zu müssen – keine Schulaufgaben, kein Diktatüben, kein Zimmeraufräumen oder Geschirrspülmaschine ausräumen – mit all diesen anstrengenden Alltagssituationen, die schnell zu Konflikten führen, haben Großeltern nichts zu tun. Sowohl für sie als auch für Enkelkinder ist das eine wunderbare Situation, in der viel Nähe entstehen kann. Das Gefühl der bedingungslosen Liebe erhalten Kinder oft von ihren Großeltern. Und es stärkt sie besonders auch in Phasen, in denen die Eltern mit ihren Kindern öfter in Konflikte geraten.

> Oma liebt mich einfach so, wie ich bin.
> Ihr muss ich nichts beweisen, sie ist auch nicht
> sauer, wenn ich schlechte Noten habe.
>
> **Elias, 11 Jahre**

Diese entspannten Voraussetzungen können durchaus dazu beitragen, dass Kinder sich öffnen – sie fürchten nicht, bewertet oder beurteilt zu werden. Sind also Oma und Opa bereit, im Sinne des aktiven Zuhörens ihren Enkeln wirklich zuzuhören, können sie die Gefühle in den Botschaften ihrer Enkel versuchen zu erfassen und zurückzumelden. Aus dieser Einfühlsamkeit heraus können aufschlussreiche Gespräche entstehen. Wichtig ist, dass die Großeltern aufgrund ihrer großen Lebenserfahrung nicht voreilig bewerten oder zu schnell Ratschläge verteilen, sondern ihre Enkel zunächst erzählen lassen. Manchmal fällt es Großeltern schwer, mehr zu empfangen, als zu senden. Aktives Zuhören ist eine gute Technik, die hilft, sich selbst und seine Einschätzungen zurückzunehmen, sich feinfühlig auf die Enkel einzulassen und die jungen Leute sprechen zu lassen. Fühlt sich das Enkelkind akzeptiert und in seinen Gefühlen verstanden, ist die Chance groß, dass es einen wohlmeinenden großelterlichen Ratschlag erwägt oder annimmt.

Nicht immer ist es einfach für die Großeltern, Gesprächsthemen mit ihren Enkeln zu finden. Die Enkel sind nicht Teil ihres Alltagslebens, manchmal vergeht viel Zeit, bis man sich wiedersieht, vor allem, wenn die Enkelkinder nicht am selben Ort leben. Aber Großeltern haben ein großes Kapital: Sie haben Dinge erlebt, die sich Kinder heute kaum noch vorstellen können und die diese interessant und spannend finden. Häufig erzählen Großeltern aber gar nicht viel von »früher«. Sie glauben, ihre Enkel damit zu langweilen, oder sie wollen nicht altmodisch, sondern modern und zeitgemäß auf sie wirken. Das eine schließt das andere nicht aus: Ein Großvater, der sich informiert und versucht, auf dem Laufenden zu bleiben, hat trotzdem spannende Geschichten aus seiner Kindheit oder Jugend zu erzählen. Für Kinder ist es ungeheuer interessant zu erfahren, wie Leben früher funktionierte, als es weder Internet noch Handy noch Flugreisen gab, oder gar Geschichten aus der Kriegszeit zu hören. Wenn Großeltern aus ihrer Schul- und Jugendzeit erzählen, hören viele Kinder gebannt zu. Auch von den eigenen Großeltern über deren Eltern zu erfahren, ist für viele Kinder spannend, da die meisten ihre Urgroßeltern nicht kennenlernen konnten. Besondere Freude macht es Kindern, alte Fotos anzusehen, vielleicht auch solche, auf denen sie ihre Eltern als Kinder sehen.

Wenn Großeltern ihren Enkeln aus der Vergangenheit erzählen, sind sie die Experten und übernehmen den größeren »Sende«-Anteil. Großeltern können diese Rolle aber auch umkehren und ihre Enkel zu Experten der Jetztzeit werden lassen. Beispielsweise, wenn es um Dinge der Gegenwart geht, von denen sie nicht so viel verstehen, wie etwa neue Technologien. Kinder hören spannenden Geschichten gern zu, aber sie erklären auch gern und werden gern als kompetent wahrgenommen. Diese Expertenrolle funktioniert besonders gut mit den Großeltern, die eben nicht mehr jede der neuen Entwicklungen mitbekommen. Anders als mit den Eltern, die sich in der Regel doch noch besser als die Großeltern auskennen und im Verhältnis zu ihren Kindern eher die Expertenrolle besetzen.

Rund um die Funktion von Internet, Handy, Computer, Fernsehen und allen neueren elektronischen Geräten haben Kinder ab einem gewissen Alter oft eine erstaunliche Kompetenz und können gut erklären, wie all diese Dinge funktionieren und genutzt werden können. Auch können sich Großeltern in die Welt von YouTube, Instagram und Co einführen lassen. Wenn die Kinder ihre Lieblingsvideos vorführen oder den Großeltern zeigen, wem sie auf Instagram »followen«, ermöglicht dies einen Zugang zu dem Kosmos der Enkel. Anerkennung von den Enkeln erhalten die Großeltern dann sicher auch für ihr Bemühen, sich auf diese modernen Entwicklungen einzulassen. Wunderbar ist es für Kinder, wenn sich ihre geduldigen Großeltern von ihnen die technischen Neuerungen und gesellschaftlichen Entwicklungen der Jugend erklären lassen. Kinder teilen gern ihr Wissen, sie fühlen sich dann als Experten, und dies trägt zu einem positiven Selbstwertgefühl bei.

Das Schönste, gerade für kleinere Kinder, ist es sicherlich, mit den Großeltern zu spielen – Kartenspiele, altmodische Brettspiele oder auch neue Gesellschaftsspiele –, zu malen, zu kneten, zu backen oder sich in Ruhe mit ihnen Bilderbücher zu betrachten oder etwas vorlesen zu lassen. All die schönen Dinge zu tun, für die die Eltern in ihrem durchorganisierten Alltag mit Beruf und Familie häufig zu wenig Zeit haben. Die Großeltern sind nicht immer in Eile und haben endlose Geduld. Das tut Kindern gut und ermöglicht ein Klima, in dem sie ihren Gedanken nachgehen können und sich Gespräche entwickeln können.

Großeltern machen oft intuitiv mit ihrer liebevollen und geduldigen Haltung, die nicht bewertet, sondern positiv annimmt, viel richtig. Durch ihre Lebenserfahrung haben Großeltern oft eine Gelassenheit, die ihnen auch eine große Portion Vertrauen in ihre Enkel ermöglicht. Liebe, Geduld, Annahme, Gelassenheit und Vertrauen befördern Nähe und tun unseren Kindern gut.

# Liebe macht viel richtig

Die Anregungen in diesem Buch sollen Sie dabei unterstützen, Ihrem Kind oder Ihren Kindern in Gesprächen bewusst auf Augenhöhe zu begegnen. Es geht darum, die Gefühle und Bedürfnisse des Kindes zu erkennen, sie ernst zu nehmen und ihm zu helfen, sie zum Ausdruck zu bringen. Feinfühligkeit, Empathie, Offenheit und Akzeptanz sind dazu von uns Eltern gefordert. Spüren unsere Kinder unser aufrichtiges Bemühen um Verständnis und unsere Akzeptanz für das, was sie uns sagen möchten, haben wir die Grundlage gelegt für ein Gespräch, das Austausch und Nähe ermöglicht. Unsere Kinder spüren unsere zugewandte und liebevolle Haltung, mit der wir ihnen zuhören, und versuchen, sie zu verstehen, und das schafft ihrerseits eine liebevolle Haltung uns gegenüber. Sie fühlen sich von uns wahrgenommen und gehört, und das löst warme und uns zugeneigte Gefühle aus. All das verstärkt unsere Bindung zueinander.

Dass es uns nicht in allen Situationen gelingt, immer mit der »perfekten« Haltung auf unser Kind zu reagieren, vielleicht weil wir gerade müde, traurig oder angespannt sind, ist normal. Nichtsdestotrotz: Durch unsere Liebe machen wir ganz viel richtig! Auch wenn wir nicht immer die perfekten Zuhörer sind und auch wenn wir ungeschickte Formulierungen in Richtung unseres Kindes senden – unser Gefühl der Liebe lässt uns in gutem Kontakt bleiben. Spürt unser Kind unsere zugewandte und wohlwollende Grundhaltung und unser kontinuierliches Bemühen um Verständnis, können wir immer wieder neue Chancen auf einen Austausch nutzen. Jede Entwicklungsphase unseres Kindes bietet neue Veränderungen, neue Herausforderungen und neue Chancen für uns, unser Kind zu unterstützen.

Insgesamt empfehle ich, soweit es möglich ist, eine Entschleunigung im Gespräch mit unseren Kindern, zumindest in den Gesprächen, die uns wichtig erscheinen, da sie sich um die Gefühle oder Bedürfnisse unserer Kinder drehen. Aktives Zuhören und auch die gewaltfreie Kommunikation erfordern ein entscheidendes Maß an Konzentration von uns. Diese Arten zu kommunizieren funktionieren nicht nebenbei und nicht auf die Schnelle. Vor allem, wenn wir noch nicht viel Übung darin haben und unsere eingefahrenen Kommunikationsmuster ändern wollen. Wir kommunizieren auf die Art und Weise, wie wir es gelernt haben, wir selbst wurden in einem Kommunikationsstil erzogen, wir haben also Kommunikationsmuster über viele Jahre verinnerlicht. Wenn wir unsere althergebrachten Muster von reflexhaften elterlichen Ratschlägen, Bewertungen oder auch Ermahnungen reduzieren wollen, erfordert dies ein sehr bewusstes Zuhören und Formulieren, damit wir nicht doch wieder mit Tipps oder mit scheinbarem Trösten reagieren, das keines ist, weil es die Gefühle unseres Kindes nicht ernst nimmt. Dabei hilft Entschleunigung. Wir können ruhig kurz nachdenken, bevor wir auf eine Aussage unseres Kindes reagieren. Das können wir ihm im Übrigen auch kommunizieren: »Ich muss mal kurz nachdenken, weil ich versuche, das, was du mir gerade gesagt hast, richtig zu verstehen.« Das

Kind stellt dann fest, dass seine Mutter bzw. sein Vater sich bemühen und sich Zeit nehmen, um es zu verstehen. Das vermittelt ihm, dass sie seine Botschaft ernst nehmen, es fühlt sich wertgeschätzt. Auch wenn wir uns mit unseren Antworten etwas Zeit zum Nachdenken lassen, müssen gute Gespräche, in denen wir etwas über unser Kind erfahren, gar nicht lange dauern. Manchmal findet ein Kind auch in einer kurzen Unterhaltung eine Lösung für Sorgen oder Zweifel, die es beschäftigen.

Entschleunigung ermöglicht uns, nicht reflexhaft in alten Mustern, sondern bewusst zu kommunizieren. Natürlich heißt dies nicht, dass wir stets jedes Wort auf die Goldwaage legen sollten und nicht mehr spontan oder einfach emotional reagieren können. Es heißt auch nicht, dass wir unser Kind nicht eingrenzen können, sollte es unangemessene Strategien zur Erfüllung seiner Bedürfnisse suchen. Werden Grenzen überschritten, die wir als unangemessen empfinden, müssen wir das Kind eingrenzen und können auch mit einem klaren »Nein« auf sein Verhalten reagieren. Langfristig erreichen wir jedoch mehr Kooperation, wenn wir uns mit seinen Gefühlen und Bedürfnissen beschäftigen, als wenn wir ihm eine Auszeit verordnen oder Verbote aussprechen.

Bei all den bedeutenden »Problemgesprächen«, die sich um belastende Gefühle und nicht erfüllte Bedürfnisse eines Kindes drehen, sollten wir die leichten Gespräche mit ihm nicht vergessen. Solche, in denen das Kind sich etwas Tolles ausmalt oder von seinen Wünschen und Träumen berichtet. Gelingt uns dies, macht es dem Kind ebenso viel Freude wie Mutter oder Vater, und es nährt die guten Beziehungen zueinander. Wenn Eltern ihrem

Kind Raum zum Erzählen lassen und sie sich selbst zurücknehmen und es nicht durch ihre Meinung oder Bewertung »abwürgen«, befördern sie zudem eine positive Selbstwahrnehmung des Kindes. Es erhält die Möglichkeit, von Vorstellungen zu erzählen, die ihm wichtig sind; ob sie durchführbar sind oder nicht, spielt in diesem Moment gar keine Rolle. Entscheidend ist, dem Kind den Raum dafür zu bieten, sie auszudrücken – es träumen und seiner Fantasie freien Lauf zu lassen. Es hat so die Möglichkeit, auf eine spielerische Weise seine Wünsche und Bedürfnisse zu artikulieren. Diese Gespräche bieten Kindern eine Möglichkeit, sich zu definieren und zu positionieren – es erzählt uns, wer es ist, was es mag und wovon es träumt.

Viele der im Anschluss aufgeführten 100 Fragen bieten die Möglichkeit, sich über die Wünsche und positiven Vorstellungen unserer Kinder auszutauschen.

Ich wünsche Ihnen dabei viel Freude miteinander!

# TEIL 3

# 100 Fragen, die Kinderwelten öffnen

Die folgenden 100 Fragen verstehen sich als Türöffner zur Gedanken- und Gefühlswelt von Kindern. Als offene Fragen, die nicht einfach mit Ja oder Nein zu beantworten sind, dienen sie dem spielerischen Austausch von persönlichen Meinungen, Gedanken, Wünschen und Träumen.

Sie können die Fragen mit Ihrem Kind oder in einer Familienrunde auswählen.

Damit Ihr Kind die Beschäftigung mit den Fragen versteht, können Sie ihm erklären, dass Sie sich gemeinsam mit Fragen aus diesem Buch beschäftigen wollen und Sie neugierig sind, was es wohl darauf antworten wird. Falls Sie seine Antworten aufschreiben, erklären Sie auch, dass dieser Eintrag als eine Art Tagebucheintrag dient und dass es dem Kind und auch Ihnen bestimmt einmal später Spaß machen wird, seine Antworten von früher durchzulesen. Wenn es ihm Freude macht, kann Ihr Kind seine Antwort auch selbst in das Buch eintragen – dies sollte jedoch stets eine spielerische Note haben und keine »Pflicht« darstellen.

Die Fragen sollen nicht in der vorgegebenen Reihenfolge »abgearbeitet« werden – wählen Sie die Frage aus, die Sie oder Ihr Kind gerade neugierig macht, oder lassen Sie den Zufall entscheiden, indem Sie spontan eine Seite aufschlagen und aus dieser eine Frage auswählen. Die Fragen eignen sich für Kinder ab 4 oder 5 Jahren, je nach Entwicklungsstand Ihres Kindes.

Das in Teil 2 vorgestellte aktive Zuhören wird am sinnvollsten eingesetzt, wenn das Kind in seinen Antworten zu erkennen gibt, dass es ein Problem hat. Dies kann sich anhand einiger der Fragen ergeben. Falls Ihr Kind auf eine der Fragen hin etwas thematisiert, was es bedrückt oder traurig macht, können Sie die Technik des aktiven Zuhörens anwenden, um mehr über die Gefühle und Sorgen Ihres Kindes zu erfahren. Ansonsten nutzen Sie die Fragen einfach spielerisch.

Wenn Sie die Gespräche nicht direkt durch Nachfragen in eine bestimmte Richtung lenken möchten, können Sie auf die Antworten Ihres Kindes mit »Türöffnern« reagieren. Das sind neutrale Antworten, die keine eigenen Botschaften wie Einschätzungen oder Gefühle übermitteln, sondern dazu dienen, das Kind zum Weiterreden zu animieren. Solche sogenannten »Türöffner« sind unverbindliche Äußerungen wie »Interessant«, »Wirklich?«, »Ah ja?«.[19]

Sollte ein Kind auf die »Türöffner« hin nicht mehr weiterreden, können wir nachfragen, um mehr über seine Gedanken zu erfahren. Auf jede der aufgeführten Fragen lässt sich »Warum?« fragen, falls Ihr Kind seine Antwort nicht von allein ausführt und begründet.

Als Anregung sind weitere Nachfragen unter jeder Frage aufgeführt. Sie können, müssen aber nicht gestellt werden, je nachdem, wie es vom Gesprächsverlauf her passt. Und auf jede Antwort, die unser Kind auf die Nachfragen gibt, können wir ebenfalls zunächst mit den »Türöffnern« reagieren, um es seine Gedanken möglichst umfänglich ausführen zu lassen. Sie müssen diese zurückhaltende Haltung nicht einnehmen, wenn es Ihnen zu ungewohnt erscheint – oft trägt sie jedoch dazu bei, die Kinder in den Redefluss zu bringen. Im Gegensatz zu uns empfinden viele Kinder diese Zurückhaltung nicht als seltsam, sondern fühlen sich dadurch angenommen und eingeladen weiterzuerzählen.

Probieren Sie es einfach aus!

Ist Ihr Kind fertig mit dem Beantworten der Frage, bietet es sich an, dass Sie die Frage auch für sich beantworten – so findet ein Austausch statt, und Ihr Kind erfährt auch etwas über Sie. Dies fördert Nähe und macht beiden Seiten Freude. Je nach Familiensituation können die Fragen auch reihum von mehreren Personen beantwortet werden. Das erhöht den Spaßfaktor, da durch die verschiedenen Standpunkte Diskussionen befördert werden.

Es bietet sich so beispielsweise an, die Fragen in einer spielerischen Fragerunde mit der Familie am Sonntagsfrühstück zu stellen, bei dem jedes Familienmitglied reihum eine Frage beantwortet.

Die nun folgenden 100 Fragen sind in sieben Kategorien eingeteilt. Die Kategorien sind nicht immer exklusiv, das heißt, manche Frage könnte durchaus auch mehreren Kategorien zugeordnet werden. Freuen Sie sich darauf, wohin die Gespräche mit Ihrem Kind oder Ihrer Familie Sie führen, lassen Sie sich überraschen!

# FANTASTISCHE SZENARIEN

Über diese Fragen macht es einfach Spaß sich auszutauschen.
Sie regen die Fantasie an und offenbaren etwas über die Abenteuer-
lust unseres Kindes. Vielleicht spricht Ihr Kind aber auch über
Ängste, dann fragen Sie behutsam nach.

## 》 1. Welches Tier wärest du gern?

*Welche Eigenschaft dieses Tieres gefällt dir besonders?*
*Gibt es Eigenschaften dieses Tieres, die du nicht magst?*
*Glaubst du, das Tier wäre: geliebt/bewundert/Furcht einflößend/mächtig?*

## 》 2. Was würdest du zaubern, wenn du zaubern könntest?

*Wie würde das dein Leben verändern?*

**》** **3. Wie stellst du es dir vor, wenn du unsichtbar sein könntest?**

*Was würdest du dann gern erleben?*
*Gibt es etwas, was dir Angst machen würde?*

**》** **4. Wie stellst du es dir vor, Superkräfte zu haben?**

*Wofür würdest du sie gern einsetzen?*
*Wie würde das dein Leben verändern?*

**》 5. Wenn du mit der Zeitmaschine reisen könntest – in welche Zeit in der Vergangenheit würdest du gern reisen?**

*Welche Erlebnisse würdest du dir wünschen?*
*Wovor hättest du Angst?*

**》 6. Wie stelltst du es dir vor in die Zukunft zu reisen?**

*Was würdest du dort gern erleben?*
*Würdest du lieber in die Zukunft oder in die Vergangenheit reisen?*

**》 7. Wenn du Gedanken lesen könntest – welche Gedanken würden dich besonders interessieren?**

*Gibt es auch solche, von denen du nichts wissen wollen würdest?*

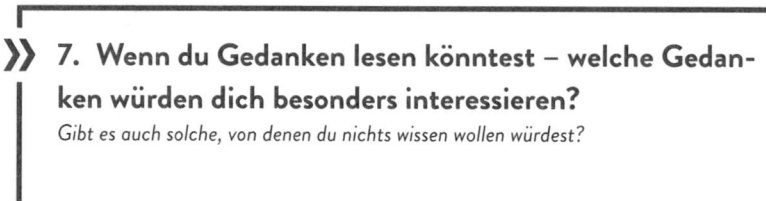

**》 8. Wie stellst du dir Leben außerhalb der Erde vor?**

*Würdest du es gern erleben?*
*Wovor hättest du eventuell Angst?*

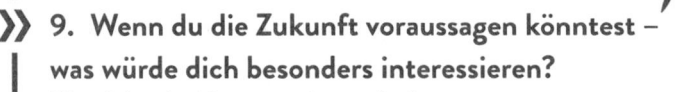

**》 9. Wenn du die Zukunft voraussagen könntest –
was würde dich besonders interessieren?**

*Was würdest du nicht so gern wissen wollen?*

**》 10. Wenn du dich jetzt irgendwohin beamen könntest –
wohin wäre das?**

*Wie würde es dort aussehen?*
*Würdest du dich gern allein dorthin beamen oder mit Begleitung?*

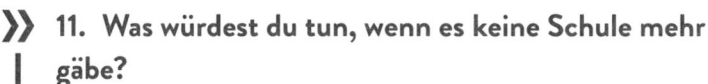

>> **11.  Was würdest du tun, wenn es keine Schule mehr gäbe?**

*Was wäre schöner an deinem Leben?*
*Glaubst du, es würde dir etwas fehlen?*

>> **12.  Welchen Menschen, der nicht mehr lebt, würdest du gern kennenlernen?**

*Weshalb findest du ihn interessant?*
*Was hättest du gern mit ihm gemeinsam erlebt?*

**187**

# WÜNSCHE

Bei diesen Fragen geht es darum, mehr über die Vorlieben unserer Kinder zu erfahren – was mögen sie, was motiviert sie, wie wären sie gern, was hätten sie gern, wovon träumen sie? Die Antworten können ein positives Streben nach bestimmten Zielen oder Träumen offenbaren oder einen Mangel ausdrücken über das, was unser Kind vermisst.

**》 13. Welches Abenteuer würdest du gern mal erleben?**

*Was wäre daran besonders schön? Was wäre vielleicht schwierig für dich?*
*Würdest du das gern allein erleben oder mit jemandem zusammen?*

**》 14. Als was würdest du dich gern verkleiden?**

*Wie, denkst du, würdest du dich damit fühlen?*
*Wärest du gern die Figur/das Tier, das das Kostüm darstellt?*

## 》 15. Wo würdest du gern mal leben?

*Was würde sich an deinem Leben verändern, wenn du dort leben würdest?*
*Was stellst du dir dort besonders schön vor?*

## 》 16. Welche Film-/Fernsehfigur wärest du gern?

*Was wäre dann besser an deinem Leben?*
*Was wäre vielleicht schlechter?*

**》17. Was würdest du dir wünschen, wenn du einen Wunsch frei hättest?**

*Wie würde sich dein Leben verändern, wenn dein Wunsch in Erfüllung ginge?*

**》18. Wenn du dir eine Eigenschaft für dich aussuchen könntest – welche würdest du dann auswählen?**

*Wie würde sich dein Leben dann ändern?*
*Wer, den du kennst, besitzt diese Eigenschaft?*

191

## >> 19. Was würdest du gern richtig gut können?

*Was hätte das für Folgen – in welcher Weise würde sich dein Leben dann ändern?*
*Wie würde sich das für dich anfühlen?*
*Kennst du eine Person, die das so kann?*

## >> 20. Was würdest du gern mal ausprobieren?

*Wie stellst du dir das vor?*
*Weshalb fändest du es so spannend?*
*Kennst du jemanden, der das schon einmal gemacht hat?*

**» 21. Wem würdest du gern helfen?**

*Glaubst du, diese Person würde Hilfe annehmen?*
*Denkst du, es würde dir schwerfallen, diese Hilfe zu leisten?*
*Hast du schon einmal jemandem geholfen?*

**» 22. Wen würdest du gern mal kennenlernen?**

*Wie stellst du dir die Person vor?*
*Was findest du besonders interessant an der Person?*
*Hast du schon einmal jemanden kennengelernt, und er/sie war ganz anders, als du dir das vorgestellt hast?*

**》 23. Mit wem würdest du gern mal einen Tag verbringen?**

*Was würdest du unternehmen?*
*Was würdest du dir von dem Tag erhoffen?*

**》 24. Was für ein Fest würdest du gern feiern?**

*Welche Gäste würdest du einladen?*
*Wie würdest du dekorieren/schmücken?*
*Wie sollte das Fest ablaufen?*

**》 25. Wie stellst du es dir vor, berühmt zu sein?**

*Was wären die Vorteile der Berühmtheit?*
*Was wären die Nachteile der Berühmtheit?*

**》 26. Welche Rolle würdest du in einem Zirkus am liebsten übernehmen?**

*Warum würde dir das Spaß machen?*
*Welche Rolle würde gar nicht zu dir passen?*
*Wie stellst du dir das Zirkusleben vor?*

## 》 27.  Wie würde dein Traumhaus aussehen?

*Was wäre anders an deinem Leben, wenn du darin leben würdest?*
*Mit wem würdest du gern darin leben?*
*Welches wäre das wichtigste Zimmer in diesem Haus?*

## 》 28.  Über welches Kompliment/Lob würdest du dich besonders freuen?

*Von welcher Person wünschst du dir dieses Kompliment/Lob?*
*Hast du schon einmal einer anderen Person ein besonderes Kompliment gemacht oder sie gelobt?*

**》** **29.  Gibt es etwas, was du gern tun würdest, dich aber nicht traust?**
*Was könnte dir dabei helfen?*
*Wenn du es schaffen würdest – wie würde sich dein Leben verändern?*

**》** **30.  Was willst du mal werden?**
*Was würde dich daran besonders interessieren?*
*Wie stellst du dir dein Leben mit diesem Beruf vor?*

197

**》 31. Wen würdest du auf eine einsame Insel mitnehmen?**

*Was zeichnet diese Person aus?*
*Was würdest du gern mit ihr/ihm dort erleben?*

**》 32. Was würdest du auf eine einsame Insel mitnehmen?**

*Was könntest du dort tun, was du zu Hause nicht machst?*
*Was würdest du am meisten dort vermissen?*

# FAVORITEN

Durch die Fragen nach Favoriten erfahren wir etwas über die Affinitäten unserer Kinder – was ihnen gefällt, wo und wann sie sich wohlfühlen und was sie interessiert.

**》 33. Welcher ist dein Lieblingsort (das kann ein Zimmer, ein Haus, ein Ort in der Natur oder jeglicher erdenkliche Platz sein)?**

*Was macht diesen Ort besonders für dich?*
*Welche Erinnerungen hast du daran?*

**》 34. Wer ist dein Lieblingsmensch?**

*Was ist so besonders an diesem Menschen?*
*Wärest du gern wie diese Person?*

1

2

3

**》 35. Was ist dir am wichtigsten: Sehen, Hören, Tasten oder Riechen?**

*Auf welchen Sinn würdest du am ehesten verzichten?*
*Was würde dir dann am meisten fehlen?*

**》 36. Welche ist deine Lieblingsjahreszeit?**

*Was macht dir in dieser Zeit am meisten Freude?*
*Gibt es etwas, was du in dieser Zeit nicht magst?*

## 》 37. Welcher ist dein Lieblingsgeruch?

*Welche Erinnerungen verbindest du mit ihm?*
*Was für ein Gefühl kommt bei dir auf, wenn du den Geruch erinnerst?*

## 》 38. Welcher ist dein Lieblingsfilm?

*Würdest du das, was im Film passiert, auch gern erleben?*
*Siehst du den Film gern öfters?*

## » 39. Was ist dein Lieblingsspiel?

*Was macht so viel Spaß daran?*
*Mit wem spielst du es am liebsten?*

## » 40. Welcher Tag ist dein Lieblingstag im Jahr?

*Was ist dann immer besonders schön?*
*Welche Erinnerungen verbindest du mit ihm?*

## 》 41. Welche Situation findest du besonders gemütlich?

*Wer oder was gehört zu dieser Situation dazu?*
*Würdest du sie gern öfters erleben?*

## 》 42. Wie verbringst du am liebsten die Schulpause?

*Was machst du, wenn du das nicht machen kannst?*
*Mit wem verbringst du sie am liebsten?*

**》 43. Welcher war bisher der schönste Tag deines Lebens?**

*Was war so besonders an diesem Tag?*
*Würdest du diesen Tag gern noch einmal erleben?*

**》 44. Welche Person außerhalb der Familie und deines Freundeskreises magst du besonders?**

*Würdest du diese Person gern öfters sehen?*
*Was machst du besonders gern mit ihr?*

**》 45. Welchen Gegenstand würdest du nie wegwerfen?**

*Welche Erinnerungen verbindest du mit ihm?*
*Was würde passieren, wenn er verloren ginge?*

**》 46. Was war das schönste Erlebnis, das du je in allen Ferien hattest?**

*Was machte es so besonders?*
*Glaubst du, es lässt sich wiederholen?*

206

# EINSTELLUNGEN UND WERTE

Über diese Fragen lässt es sich wunderbar diskutieren und Standpunkte austauschen. Zu vielen Themen gibt es sehr unterschiedliche Meinungen, und es ist interessant, die Gedankenwelt des Kindes kennenzulernen und zu erfahren, wie es seine Standpunkte vertritt.

## » 47. Was macht einen guten Freund aus?

*Bist du ein solcher Freund?*
*Hast du einen solchen Freund?*

## » 48. Was stört dich an deiner Schule / an deinem Kindergarten?

*Wie könnte man das verbessern?*
*Was könntest du dazu beitragen?*

## 49. Was glaubst du, geschieht nach dem Tod?

*Wie stellst du dir das vor?*
*Macht dir das Angst?*

## 50. Woran kann man erkennen, ob Tiere Gefühle haben?

*Hast du Gefühle schon einmal bei einem Tier beobachtet?*
*Wie, findest du, sollte man Tiere behandeln?*

**51. Was findest du ungerecht?**
*Ist dir das schon einmal passiert?*
*Warst du schon einmal zu jemand anderem ungerecht?*

 **52. Was machst du, wenn ein Freund von dir geärgert wird?**
*Ist das schon einmal passiert?*
*Hat dir schon einmal ein Freund geholfen, als du geärgert wurdest?*

## 》 53.  Was findest du angeberisch?

*Kennst du jemanden, der so ist?*
*Warum, glaubst du, benimmt er/sie sich so?*

## 》 54.  Was sollten Eltern nicht tun?

*Was würde aus deiner Sicht passieren, wenn sie es tun?*

## » 55. Was würdest du tun, um deinen besten Freund/deine beste Freundin zu beschützen?

*Würdest du für deine beste Freundin/besten Freund auch lügen?*

## » 56. Wie verhältst du dich bei Streit?

*Ist es dir schon mal gelungen, Streit zu schlichten?*
*Kennst du jemanden, der gut darin ist?*

**» 57. Wie stellst du es dir vor, in einer abgelegenen Berghütte zu leben?**

*Was würdest du am meisten genießen/vermissen?*
*Magst du Alleinsein?*

**» 58. Was macht einen guten Verlierer aus?**

*Kennst du jemanden, der sich so benimmt?*
*Ist es dir schon einmal gelungen, dich so zu verhalten?*

**》 59. Was würdest du als Vater/Mutter bei deinen Kindern anders machen, als wir es tun?**

*Was versprichst du dir davon?*
*Kennst du Eltern, die sich so verhalten?*

**》 60. Wie stellst du es dir vor, einen Monat ohne elektrische Geräte (Handy, Computer, Fernseher) leben zu müssen?**

*Was würdest du am meisten vermissen?*
*Womit würdest du dich anstelle von elektronischen Geräten beschäftigen?*

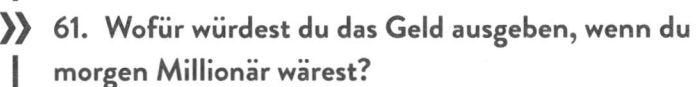

## 61. Wofür würdest du das Geld ausgeben, wenn du morgen Millionär wärest?

*Wie würde sich dein Leben dann verändern?*
*Glaubst du, es würde dich glücklicher machen?*

## 62. Wie, glaubst du, würdest du zurechtkommen, wenn du einen Tag nicht reden dürftest?

*Gäbe es etwas Gutes daran?*
*Was würdest du am meisten vermissen?*

**>> 63. Wie stellst du es dir vor, wenn du einen Tag anstatt eines Jungens ein Mädchen sein könntest (oder umgekehrt)?**

*Was stellst du dir schön/unangenehm vor?*
*Was würdest du dann gern einmal ausprobieren?*

**>> 64. Was kann man aus deiner Sicht tun, um Kriege zu verhindern?**

*Was müsste man als Erstes tun?*

**》 65. Wie wäre es für dich, wenn du die Kanzlerin/der Kanzler deines Landes wärest?**

*Was würde dir daran gefallen/was nicht?*
*Was würdest du in unserem Land ändern?*

**》 66. Wie stellst du es dir vor, erwachsen zu sein?**

*Was wäre besser?*
*Was könnte als Kind besser sein?*

# KREATIVITÄT

Diese Fragen beschäftigen sich mit dem Ideenreichtum der Kinder. Es ist spannend zu erfahren, welche Gedanken sie sich zu bestimmten Themen machen und welche Einfälle sie haben. Kinder zum Nachdenken anzuregen, fördert ihre Kreativität. Die Antworten geben zum Teil auch Aufschluss über Bedürfnisse, Wünsche und Mängel.

## 》 67.  Was für ein Gebäude würdest du gern bauen?

*Wie sollte es aussehen?*
*Für wen würdest du es bauen?*

## 》 68.  Was würdest du gern erfinden?

*Wie würde es dein Leben verändern?*
*Wie würde es das Leben von anderen Menschen verändern?*

## » 69. Was würdest du in einer Flaschenpost schreiben?

*Wer, wünschst du dir, sollte die Flaschenpost finden?*
*Wie würdest du dir wünschen, wie der Leser reagiert?*

## » 70. Welche Firma würdest du gern gründen?

*Was würde dir dabei am meisten Spaß machen?*
*Was würdest du gern damit erreichen?*

**» 71. Wie würdest Du ein Leben in der Wildnis gestalten – ohne Strom und fließendes Wasser?**

*Was könnte schöner als zu Hause sein?*
*Was würdest du vermissen?*

**» 72. Welches Medikament sollte man erfinden?**

*Kennst du jemanden, dem es helfen würde?*

**》 73. Was könntest du einer anderen Person beibringen?**

*Was würde dir daran Freude bereiten?*
*Was wäre schwierig daran?*

**》 74. Was würdest du auf einem verlassenen Grundstück, das du benutzen dürftest, unternehmen?**

*Würdest du das gern allein machen oder zusammen mit anderen?*

# GEGENSÄTZE

Durch Fragen zu Gegensätzen erfahren Sie mehr über die Vorlieben und die Abneigungen Ihres Kindes.
Bei allen Antworten kann man weiterfragen:

* Gibt es bei dieser Wahl auch Nachteile?
* Könntest du dir Gründe vorstellen, warum jemand das Gegenteil lieber mag?

Dies erfordert Einfühlen in eine der eigenen entgegengesetzten Position und eröffnet Raum für Diskussionen.

**》 75. Wärest du lieber ein Zwerg oder ein Riese?**

**》 76. Was magst du lieber: die Berge oder das Meer?**

**》 77.** Was magst du lieber: die Wüste oder die Antarktis?

**》 78.** Wärest du lieber ein Hai oder ein Delfin?

**》 79.** Wo würdest du lieber leben: auf dem Land oder in der Stadt?

**》 80.** Was findest du besser: viele, nicht so enge Freunde zu haben oder einen besten Freund/eine beste Freundin?

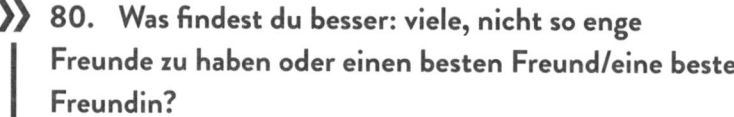

**»** 81. Was magst du lieber: Fragen stellen oder sie beantworten?

**»** 82. Was findest du besser: das ältere oder jüngere Geschwisterkind zu sein?

**》 83.** Was findest du besser: Einzelkind zu sein oder Geschwister zu haben?

**》 84.** Was findest du besser: strenge oder nicht so strenge Lehrer?

# GEFÜHLE

Bei diesen Fragen geht es um die Gefühle Freude, Liebe, Traurigkeit, Angst, Ekel, Scham, Überraschung und Wut. Die Fragen beschäftigen sich mit Erfahrungen, in denen die Kinder diese Gefühle empfunden haben, und damit, wie sie Gefühle erkennen, bei sich und bei anderen – und wie sie damit umgehen.

## 85. Welchen schönen Traum, den du schon einmal geträumt hast, erinnerst du?

*Würdest du dir wünschen, dass dieser Traum in Erfüllung ginge?*
*Hast du mehr gute oder mehr schlechte Träume?*

## 86. Welchen Albtraum hast du schon einmal geträumt?

*Träumst du diesen Traum öfters?*
*Macht er dir noch Angst?*

**》 87. Wann war schon mal jemand neidisch auf dich?**

*Wie hast du reagiert?*
*Warst du schon einmal auf jemand anders neidisch?*

**》 88. Wann hattest du schon einmal richtig starke Angst gehabt?**

*Was hilft dir, wenn du Angst hast?*
*Findest du dich ängstlich?*

## 89. Wann ist dir schon einmal etwas richtig peinlich gewesen?

*Wie hast du dich in der Situation verhalten?*
*Kennst du jemanden, der schon einmal gut in einer peinlichen Situation reagiert hat?*

## 90. Wann musstest du einmal so richtig lachen?

*Mit wem kannst du besonders gut lachen?*

232

## 》 91. Wann bist du das letzte Mal ungerecht behandelt worden?

*Wie hast du reagiert?*
*Hat dir jemand geholfen?*

## 》 92. Was ist dir zuletzt richtig gut gelungen?

*Wie hast du dich da gefühlt?*
*Was hilft dir, damit dir etwas gut gelingt?*

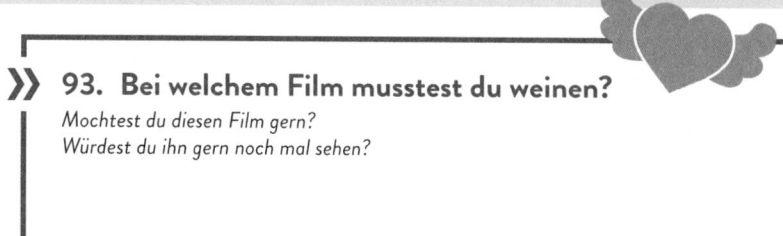

## 》 93. Bei welchem Film musstest du weinen?

*Mochtest du diesen Film gern?*
*Würdest du ihn gern noch mal sehen?*

## 》 94. Wovor hast du dich zuletzt geekelt?

*Gibt es andere Menschen, die sich nicht davor ekeln?*
*Bist du jemand, der sich leicht vor etwas ekelt?*

## 95. Wie stellst du es dir vor, von deinem Zuhause wegzuziehen?

*Was könnte gut daran sein?*
*Was würdest du am meisten vermissen?*

## 96. Über wen ärgerst du dich und würdest ihm/ihr gern mal deine Meinung sagen?

*Würde dir das schwerfallen?*
*Wie, glaubst du, würdest du dich hinterher fühlen?*

## » 97.  Wem würdest du gern mal eine Freude machen?

*Was würdest du dann tun?*
*Wer hat dir zuletzt eine Freude bereitet?*

## » 98.  Wie würdest du auf eine Überraschungsparty für dich reagieren?

*Was würde dir gefallen und was eher nicht?*

**》 99. Wann ist dir das letzte Mal etwas schwergefallen?**

*Was könnte dir helfen, dass es dir leichter fällt?*

**》 100. Woran merkst du, dass dich jemand liebt?**

*Woran merkst du, dass du jemanden liebst?*

# Anhang

# Dank

Ich danke meiner Lektorin des Beltz Verlags, Petra Dorn, für ihre Begeisterung für dieses Thema, ihr Interesse, ihre Anregungen und die gute Zusammenarbeit.

Ich danke Sylvia Gredig für ihr feinfühliges und kompetentes Lektorat.

Und ich danke folgenden Testlesern für ihr wertvolles Feedback, ihre Anregungen und ihre immer hilfreiche Unterstützung: Karim-Sebastian Elias, Mathias Döpfner, Rebecca Casati, Claudia Müller-Kallmeyer, Verena Nyikos-Kamber.

# Anmerkungen

1. AVG Technologies https://now.avg.com/digital-diaries-kids-competing-with-mobile-phones-for-parents-attention 24.6.2015.
2. Rosenberg, 2015. S. 19.
3. Winter, 2018. S. 197.
4. Juul, 2017. S. 128.
5. Steininger, 2006. S. 62.
6. Anregungen für Gespräche mit Kindern kranker Eltern finden Sie bei Glistrup, 2016.
7. Siegel/Bryson, 2016. S. 49.
8. www.mpg.de/11514867/interview-singer-neue-meditationstechnik-fuer-empathie, 4.10.2017.
9. Rosenberg, 2019. S. 44.
10. Bartens, 2017. S. 144.
11. Juul, 2018. S. 322.
12. Rosenberg beschreibt die Giraffen-und Wolfsprache in seinem Buch *Liebe leben - Tag für Tag.*
13. Rust, 2018. S. 32.
14. Rust, 2018. S. 34.
15. Rosenberg, 2016. S. 40.
16. Rust, 2018. S. 75.
17. Gaschler, 2017. S. 40.
18. Rust, 2018. S. 49.
19. Thomas Gordon beschreibt die Türöffner in seinem Buch *Familienkonferenz.*

# Literatur

Bartens, Werner: *Empathie. Weshalb einfühlsame Menschen gesund und glücklich sind.* München: Knaur, 2017.

Bobra, Michelle: *Unselfie. Why Empathetic Kids Succeed in Our All-About-Me World.* New York: Touchstone, 2016.

Gaschler, Frank und Gundi: *Ich will verstehen, was du wirklich brauchst. Gewaltfreie Kommunikation mit Kindern. Das Projekt Giraffentraum.* München: Kösel, 2007 (11. Aufl.).

Glistrup, Karen: *Sag mir die Wahrheit. Helfende Gespräche mit Kindern bei Krankheit oder Krise der Eltern.* Weinheim und Basel: Beltz, 2016.

Gordon, Thomas: *Familienkonferenz. Die Lösung von Konflikten zwischen Eltern und Kind.* München: Heyne, 2012 (7. aktualisierte Aufl.).

Holleben, Jan von: *Meine wilde Wut.* Weinheim und Basel: Beltz, 2018.

Hout, Mies van: *Heute bin ich.* Zürich: Aracari, 2012 (11. Aufl.).

Juul, Jesper: *Elterncoaching. Gelassen erziehen.* Weinheim und Basel: Beltz, 2018 (10. überarbeitete und erweiterte Aufl.).

Juul, Jesper: *Essen kommen. Familientisch – Familienglück.* Weinheim und Basel: Beltz, 2017.

Rosenberg, Marshall B.: *Kinder einfühlend ins Leben begleiten. Elternschaft im Licht der gewaltfreien Kommunikation.* Paderborn: Junfermann, 2015 (4. Aufl.).

Rosenberg, Marshall B.: *Gewaltfreie Kommunikation. Eine Sprache des Lebens.* Paderborn: Junfermann, 2016 (12. überarbeitete und erweiterte Aufl.).

Rosenberg; Marshall B.: *Liebe leben – Tag für Tag. Gewaltfreie Kommunikation in Familien.* Paderborn: Junfermann, 2019

Rust, Serena: *Wenn die Giraffe mit dem Wolf tanzt. Vier Schritte zu einer einfühlsamen Kommunikation.* Dorfen: KOHA, 2018 (15. Aufl.).

Steininger, Rita: *Eltern lösen Konflikte. So gelingt Kommunikation in und außerhalb der Familie.* Stuttgart: Klett Cotta, 2006.

Winter, Reinhard: *Jungen. Eine Gebrauchsanweisung. Jungen verstehen und unterstützen.* Weinheim und Basel: Beltz, 2018 (5. Aufl.).

# Über die Autorin

Ulrike Döpfner wurde 1968 in Frankfurt am Main geboren. Sie studierte Psychologie, arbeitet als Kinder- und Jugendlichenpsychotherapeutin mit Schwerpunkt Elterncoaching in eigener Praxis. Sie ist Mutter dreier Söhne. Ihr erstes Buch *Was für ein Kind waren Sie?* erschien 2014 und enthält Gespräche mit fünfzehn berühmten Zeitgenossen über ihre Kindheiten in unterschiedlichen Milieus und Zeiten.

# Endlich Familie genießen ohne Motzen und Schreien

Schon wieder ausgerastet, weil dein Kind rumtrödelt? Ein blödes Gefühl im Bauch, weil du eigentlich anders reagieren möchtest? Hier hilft die Schimpf-Diät. In 7 Schritten bieten Linda Syllaba und Daniela Gaigg einen erprobten Weg, wie du auch in Stresssituationen wertschätzend und auf Augenhöhe mit deinem Kind umgehen kannst. Nachhaltig, ganz ohne Jo-Jo-Effekt.

Hintergrundwissen aus Psychologie und Familienforschung unterstützt dich auf deinem Weg zu einem bedürfnisorientierten, harmonischen Familienleben. Dazu findest du Übungen zu Achtsamkeit und Selbstfürsorge und viel Platz zum Aufschreiben eigener Gedanken und Ideen sowie Anti-Schimpf-Reminder zum Downloaden.

Daniela Gaigg
Linda Syllaba
**Die Schimpf-Diät**
In 7 Schritten zu einer gelassenen
Eltern-Kind-Beziehung
Klappenbroschur, 268 Seiten
978-3-407-86589-2

www.beltz.de **BELTZ**